生活勵志
032

你的幸福，我的祝福

暢銷心靈作家 何權峰◎著

高寶書版集團

生活勵志

生活勵志 032

你的幸福，我的祝福

作　　者：何權峰
總 編 輯：林秀禎
編　　輯：張天韻
出 版 者：英屬維京群島商高寶國際有限公司台灣分公司
Global Group Holdings, Ltd.
聯絡地址：台北市內湖區洲子街88號3樓
網　　址：gobooks.com.tw
電　　話：(02) 2799-2788
電　　傳：出版部(02) 2799-0909　行銷部 (02) 2799-3088
郵政劃撥：19394552
戶　　名：英屬維京群島商高寶國際有限公司台灣分公司
初版日期：2008年1月
發　　行：希代多媒體書版股份有限公司 / Printed in Taiwan
香港總經銷：全力圖書有限公司
地　　址：香港新界葵涌打磚坪街58-76號和豐工業中心1樓8室
電　　話：（852）2494-7282　　傳真（852）2494-7609

國家圖書館出版品預行編目資料

你的幸福，我的祝福/ 何權峰 著-- 初版.
-- 臺北市：高寶國際, 2008. 01
面； 公分. —（生活勵志 ；HL032）

ISBN 978-986-185-142-6（平裝）
1. 戀愛 2. 兩性關係

544. 37　　96024542

〈序〉你是被祝福的

在這世界上有兩種類型的人：抱怨的人，感恩的人。

抱怨的人總是不幸的，他們習慣往壞的方向想，用負面的角度看事情，執著於小小的事物並將它們擴大，只看到刺，卻忘了欣賞玫瑰。

感恩的人則完全不同，他們總是開朗、充滿喜悅，因為他們習慣看光明的一面，即使是在黑暗也能見到星光，他們把一切看作是一種祝福，所以他們總是幸福的。

是的，人不是因幸福才被祝福，而是因為祝福所以幸福。

接受祝福，也給予祝福……接受生命給予的一切，接受自己及別人生命的原貌，尊重不同人的立場和觀點，包容曾經誤會你的人，關懷受苦的人，愛不可愛的人，幫助無助的人，原諒曾經傷害你的人。能在一起要惜福，不能在一起也要祝福。

以寬恕之心向後看，以希望之心向前看；以慈悲之心向下看；以感恩之心向上看。你將發現，你是幸福的。

懂得感恩就看見幸福，擁有幸福也要分享祝福。你的幸福需要有人祝福，別忘了也將祝福給需要的人。

雖然我看不到你，但我衷心祝福……

祝你幸福！

047 鏡了自己
當你讓「別人難過」你就不可能「讓自己好過」。

050 強求不來
得來不易的，維持也不易。

052 愛的條件
支撐愛的條件越多，愛就越不穩固。

054 衡量愛
你越活在真實裡，就越不需要「相信」什麼。

056 他很難相處
真心接納別人的本性，人與人之間就不會有相處的問題。

058 批評變欣賞
任何批評的地方，都可以是欣賞的地方。

061 約翰就是約翰
沒有人想要被改變，他們只想要被愛。

063 改變變欣賞
如果無法改變就試著欣賞吧！讓自己從評論家變成藝術家。

065 願與怨
你有多少「願」，就會有多少的「怨」。

067 求愛與囚愛
將別人當作你的終身事業，你隨時都可能失業。

069 沒有需求
當你沒有任何需求，你就不會創造任何恐懼。

071 順心，不如意
如果你凡事都想順心，又怎麼可能如意呢？

073 沒有他，你更好
要如何判斷一段情感是否值得繼續下去？
你可以看看你喜不喜歡和那個人在一起時的自己。

076 情感黑洞
小心「別被失落的人絆倒」。

110 誰知道？
沒有人能了解他「不了解」的事。

112 一定要享受過程
不要從結果看得失，學習從過程看人生。

115 自作自受
當你不能忍受別人，就必須忍受自己。

117 用光亮填滿黑暗
當你伸出友善的手，你就不可能握著拳頭。

119 你受不了
如果他必須忍受自己一輩子，你爲什麼不能忍受他一下呢？

122 厭惡的人
你對別人的行爲感到厭惡，那就表示你對過去的厭惡還沒釋懷。

125 指責即指引
每一次別人對你造成的傷痛都是指引，他點出你內在的痛點。

127 沒有是非
「沒有是非」，那樣「是非」也就無從生起，不是嗎？

129 先寬待自己
如果你評斷自己，你就會去評斷別人。

132 我到底在害怕什麼？
你最該控制的只有一件事——就是控制好你自己的控制欲。

135 自討苦吃
活在世上總有人會傷害你，但你不能先傷害自己。

137 把「我」拿掉
只要把「我」拿掉，當下就解脫。

140 自找麻煩
「隨他、由他、不理他！」看他能怎麼樣？

142 貶低別人
若不是他覺得自己矮了一截，他何必矮化我？

144 見不得人家好
他們贏了，就是你贏。

心為什麼不安？

你的不安是因爲你違反了自己內在的良善。

你有沒有遇過這種經驗？你跟某人爭辯，最後你爭贏了，但不知怎麼搞的，你並不覺得高興，心裡反而覺得低落。

有人傷害了你，打擊你，你還以顏色，但奇怪的是，當你反擊之後，心情非但不覺得快樂，反而變得更糟。

你腦海中一再重演剛剛說過的話，並試圖為自己的行為辯解。「是他先不對，是他對我惡言相向，是他對我這樣……所以，你才會那樣……」但有一種不安的感覺，還是讓你無法平靜。

你不解，這是怎麼回事？「我完全『心安理得』，為什麼會不安呢？」

其實，這不安的感覺就是你的良心在對你說話。是的，你的不安是因為你違反了自己內在的良善，你的心非常善良，她不想要傷害人、不想打擊人、不想要讓人挫敗，她不喜歡你那樣，所以你才會「良心不安」。明白嗎？

你必須聽從內在的良善來對人和做事，內心才能得到平靜。

你們有什麼不同？

如果你也有樣學樣，那只證明你跟他的水準一樣。

每當有人對你無理或無禮時，比方批評你、羞辱你、或對你說了不好的話，做了對你不利的事，很自然的，你會想去反擊，你會想要「以牙還牙」。

「那是因為他這樣對我，」你說：「所以，我才會那樣。」你是被動的，你的行為是來自他的作為。這說法看似合情，卻不合理。

原因很簡單，因為如果他是無理，你以其人之道還治其人，這樣你就變得「有理」了嗎？

不，你等於把自己貶低到和對方同樣的地位，而對方的行為是你一開始就不以為然的。如果你屈服於自己的敵意，就變得和對方一樣惡劣。別人是罪惡的，並不代表你就可以犯罪；別人很沒水準，如果你也有樣學樣，那只證明你跟他的水準一樣，不是嗎？

狗會去咬人，但你卻不會去咬狗，為什麼？你說，「廢話，我又不是狗。」沒錯！當別人打擊你、羞辱你，或是對你做出一些卑劣的作為，你很氣，你想還以顏色，你想用同樣的手段報復他……但你不會真的這麼做。

因為你很清楚，那行為是無禮、是粗俗的；那人是卑鄙，是沒家教、沒水準的，那就對了，如果你跟他一樣，那你跟他又有什麼不同？

定義自己

重要的並不在於那個人說了或做什麼，而在於你怎麼面對。

今天的你很不開心，你聽到某人在背後對你說三道四，「那根本不是事實。」你覺得憤憤不平，很想去找那個人議論。

去議論什麼？說他胡說八道、是非不分。然後呢？然後還我清白啊！

讓胡說八道、是非不分的人還你清白？你這會不會也有點是非不分、胡說八道了？

如果你是「白的」，別人卻把你說成「黑的」，請問誰才是「黑的」？是你嗎？當然不是，是那個人，對嗎？那你覺得「白的」需要向「黑的」證明什麼？

所謂清者自清，濁者自濁。我們的每個言行都在定義自己，別人的言行並不會定義我們是什麼樣的人，只會定義他自己是什麼樣的人。只有你的言行才會為自己下定義。

有人說你很小心眼，他亂說，但如果你很氣，你找他議論，不就證明他說的沒錯嗎？有人是非不分，對你誤解，或是給你亂貼標籤、亂扣帽子，沒關係，就隨他去說，隨他去做吧！他在定義自己，你也在定義自己。記住，重要的並不在於那個人說了或做什麼，而在於你怎麼面對，這將定義你是什麼樣的人。

他對你說三道四，你不隨之起舞，誰是不三不四，昭然若揭。他說你邪惡，你卻回以良善，誰是邪惡，不辯自明。

有人是非不分，對你誤解，或是給你亂貼標籤、亂扣帽子，沒關係，就隨他去說，隨他去做吧！

發神經

人的情緒反應越是過度，表示他們越害怕。

「他是不是又在發神經？」

「我只是晚一點回家而已，何必生那麼大的氣？」

「我只是幫朋友一點忙而已，又在不高興什麼？」

你覺得不解。有些事情根本沒有什麼，為什麼他的反應會如此激烈？這是伴侶和子女們常有的疑惑。有時候跟朋友在一起，大家會玩晚一點，這很正常，但父母為什麼會發飆？先生買一個東西回來，不適用拿去退了就算了，太太為什麼唸個不停？太太燒菜不小心燒焦，這也沒什麼，先生為什麼大發雷霆？

探究源頭，其實都是因為害怕。沒錯，是害怕。人的情緒反應越是過度，表示他們越害怕。怕什麼呢？他們可能怕你危險、怕你受傷、怕你受騙、怕你太迷糊、怕你做事不用大腦、怕你把自己給賣掉、怕你把房子給燒掉……反應過度是擔心和恐懼過度的表現，只是大家都習慣了用負面情緒來掩飾內心的恐懼，所以才會讓人搞不清楚怎麼回事。

了解了嗎？「原來他很擔心恐懼，所以才這樣……」當你看得更深，你就越能了解，那個「反應過度」的人，他不是「罵你」，而是「怕你」；不是「責怪你」，而是「擔心你」；只是過了頭，所以才會「發神經」。

受傷害的人

那個傷害你的人，其實也是受到傷害的人。

就像遇到兇猛的動物，要不是逃離，就會去攻擊。當有人受到傷害，要不能逃離，就會立刻反擊，這是本能。

人的本能都是保護自己。然而也正因如此，很少人會想到，那個傷害別人的人，也是受到傷害的人。

當你覺得自己被打擊或羞辱，你會怎麼樣？你會去報復，你會用很激烈的話語和方式來回應，但你是故意要這樣嗎？當然不是，那是因為你受到傷害，對嗎？

當有人傷害了你，也是一樣。當他們對你生氣或表現要傷害你的樣子，其實也是因為他們覺得受到打擊、羞辱、排斥或覺得自己受到傷害，他們才會這樣。

因此，當你想對人報復時，請先花點時間檢視自己的情緒，想想傷害你人。他為什麼會這樣？他們是不是控制不住心中的憤怒和仇恨？是的話，他們才是受傷的人。

他們變成這樣，就像你遭受攻擊，你也變成那樣。所以，當有人的言辭傷害你，請保持鎮定，這些話是出自於他們心中受傷的角落，事實上那是對你傾吐。如果他們很粗暴，對你表現無禮，也請你按捺下來，用心感知他們內在的傷痛。因為，那個傷害你的人，其實也是受到傷害的人。

一隻受傷的動物，會變得兇猛，牠們並不是故意要傷人，而是怕自己再受到傷害。

一隻受傷的動物，會變得兇猛，牠們並不是故意要傷人，而是怕自己再受到傷害。

那個不懂愛的人

世上沒有壞人，只有沒好好被愛的人。

有個男孩跟女友交往多年，然而就在他與女友「論及婚嫁」後，奇怪？女友反而刻意疏離他，情緒也變得不穩定。

「她是不是不愛我？」男孩追根究柢才發現，原來女友來自一個破碎的家庭，從小到大，她從來沒有跟父母一起愉快地談話過。父母親的關係惡劣……所以，她從來不知道要如何表達自己的愛，更害怕進入婚姻。

有個女孩非常厭惡他那自私的男友，什麼都只想到自己。「他都不關心我，他根本都不愛我。」後來她進一步瞭解，才發現，原來男友兒時因家裡的孩子眾多，加上父母工作忙碌根本無暇照料，他的經驗是：如果你不照顧自己，沒人會照顧你，難怪他會做什麼事都只想到自己。

有一位太太經常抱怨先生不願溝通，一遇到衝突就躲避。後來當她從先生的口中得知——「原來，在他八歲那年，他聽到父母吵了一架，第二天，他們就此分離。」所以對他來說，衝突就意謂著關係的結束，怪不得他會這樣。

那些表現得不可愛的人，往往最渴望人愛；那些不懂關心的人，往往最需要人關心。就像法國靈性導師亞諾·迪士甲丁說的：「世上沒有壞人，只有沒好好被愛的人。」

試著瞭解你所厭惡的那個人，不管是自私、是冷漠、是無情，不管你厭惡的是什麼，請先了解他的成長背景，了解他的恐懼，慢慢你將發現：那些不懂得愛的人，最欠缺的其實就是被愛。

可惡與可憐

可惡之人也必有其可憐之處。

你信不信，每個大人身體裡面都躲藏著一個小孩，這小孩就是童年的自己。快樂的大人，裡面的是一個快樂的小孩；可惡的大人裡面往往躲著可憐的小孩。

所以，每當你看大人非常快樂的時候，你會看到他彷彿就像一個小孩；而當一個大人無理取鬧，或是做出一些可惡的言行，沒錯，那也是躲在裡面的那個小孩出來作怪。人的行為模式，多半源自童年時期。

孩子在批評中長大，他們學會責難。

孩子在比較中長大，他們學會嫉妒。

孩子在敵意中長大，他們學會爭鬥。

孩子在否定中長大，他們學會批評。

孩子在成長過程不被肯定，他們就很難肯定別人。

如果孩子在充滿責難、貶損、嘲笑的家庭長大，那麼現在他很可能也成了同一種人——不是變得特別愛挑毛病，就是對別人的評論總是反應過度。

人就好像一棵樹，真正的部分是隱藏在地底下的根，只有和樹葉樹枝可以被看到。那些令你厭惡和不愉快的人，如果你深入探究，你會在他們裡面看到一個悲傷、孤獨、絕望和欠缺愛的孩子，你會發現一個不愉快的童年。

人們常說，可憐之人必有可惡之處，事實上，可惡之人也必有其可憐之處。人會成為惡魔，是因為他活在地獄裡。

每個大人身體裡面都躲藏著一個小孩，這小孩就是童年的自己。

看到共同的人性

將心比心，這樣你就會體會到每一個人都有同樣的願望。

人往往為了相同的目標而樹敵，卻很少人看到那個敵人跟自己其實是一樣的，他也有同樣的需要。

今天你為了某件事、某個目標或某個結果與人競爭，你是為了勝利、為了前途，為了一家老小在打拼，但跟你競爭的人不也一樣？他也是為了一樣的目標在打拼。

你說，你想談成某筆生意，你真的很需要那筆錢，但對方難道就不需要嗎？你想得到某個職位，你真的很期待，但說不定你的對手比你更期待；你想得到某人的愛，而他卻有另外一個她，於是你用盡所有辦法想得到他，你曾想過，她跟你一樣有相同的需求嗎？

在敵對關係中，每個人能想到都是自己，那就是為什麼許多三角關係、婆媳關係或人際關係難分難解的原因。然而由於競爭，我們已經把心中的基本善良遮蔽了，你很難發現自己和敵人共同的人性。

今天我們認為某人是敵人，但他也必然為某人所愛或攜帶著某人的期待；今天跟你競爭和敵對的那個人，他跟你一樣想得到讚賞、想得到肯定，想得到愛，他的需要甚至到可以不擇手段的地步。這不是很可憐嗎？

試著打開心房，想著對方。你想得到願望，你想要幸福、想要成功……將心比心，這樣你就會體會到每一個人都有同樣的願望，沒有例外。他們也是渴望「離苦得樂」。如果你深入認識你的敵人，你就會發現，在他們「可惡」的行為背後，他們其實跟你一樣，他們也有同樣的需要。

無心之過

給人留一步路，好讓自己的路越走越寬。

你是否也有這樣的經驗：就是對自己說過的話或做的事感到歉疚。你可能會覺得自己失控了，你並非存心說出那些話；或者你也搞不清楚自己是怎麼回事，為什麼會那樣做，當你沉靜下來，才覺得不妥，甚至後悔不已。

其實，人本來就常會處在「無意識」狀態，犯錯是人之常情，即使是意識清醒，頭腦清楚的人，都會做出一些「糊塗事」。所以一些大師們會一再提醒人要慈悲寬恕，他們知道人或許會犯下惡行，但這種行為的人本質並非邪惡，而是「無意識」。所以對於一些「無心之過」，自然也就能寬容釋懷。

誰都可能遇到情勢所迫的無奈、無意的失誤、考慮欠妥的差錯，是不是？難道你沒有過嗎？那時候你是多麼希望別人能寬容的對待？而現在你又是怎麼對待別人的錯誤？

試著退一步，以對方的角度看事情，看到對方和自己一樣，是一個凡人，有時會衝動、會失常，有時會懦弱、會暴躁，有時會失去耐心，有時也會迷糊……當你看到自己也曾犯下種種過失，諒解就容易多了。

給人留一步路，好讓自己的路越走越寬。把這句話記下來，因為說不一定在哪一天，你也可能需要別人的諒解。

「阿達」與「豁達」

如果你覺得自己心胸比較寬大，那就先去道歉吧！

每當提到「道歉」這兩個字，人們往往第一個想到的就是「認錯」。所以如果你「自認沒錯」，也就不可能去道歉，對嗎？

但先道歉就表示自己是錯的嗎？事實正好相反。你想想看：

兩人在爭吵，其中一方先退讓，一方不願退讓，是誰比較有度量？

兩人有誤會，其中一個想化解，一個不想化解，是誰比較有修養？

兩人有心結，其中一個先道歉，一個不願道歉，是誰比較有氣度？

當然是那個先主動的人，對嗎？

沒錯，道歉與是非對錯無關，而是與你的氣度和修養有關。所以，就算錯不在你，你也可以先道歉。

「對不起，我不是故意的。」

「對不起，讓你有那種感覺。」

「對不起……」

那不是「阿達」，而是一種「豁達」。如果你覺得自己心胸比較寬大，那就先去道歉吧！我知道這並不容易，因為若有人向我道歉，我會願意和他和解，但當我覺得自己是對的，而對方卻不承認他的錯時，要先主動去道歉實在很難做到。

但請回想一下，那些你的好朋友，那些對你有好的影響，對你最有啟發的人，難道他們不都是先對你好的人嗎？不都是包容你、寬恕你過錯的人嗎？

你想跟他們一樣贏得情誼、贏得尊重，那就先伸出友誼的手吧！

像你說的一樣

你只要去讚美，那個行爲就會繼續出現。

要讓一個人成為很好很棒的人有兩個方法：

第一、讓他覺得自己很好、很棒。

第二、讓他真的變成這樣的人。

那要怎麼做？只要多去讚美就可以。

「謝謝你在早上我遲到的時候，還那麼有耐心等我。」

「昨天我情緒有點失控，還好你那麼有氣度。」

「你能有這種表現，很不簡單，我真的以你為榮。」

「這件事做得太好了，你真是個天才！」

你只要去讚美，那個行為就會繼續出現。

你自己都沒發現嗎？當有人稱讚你的時候，你會表現得特別好，為什麼？因為那人覺得你很好，而你又不想讓他們失望，對不對？當你對別人讚美時也是一樣。如果你不斷對一個人說些什麼，他就會「像你說的一樣」。

你能藉由形容他們的樣子來形成他們的樣子，也能藉由對待他們的態度來形成他們對你的態度。那就是為什麼那些常批評責罵先生、太太或孩子會一點都沒用，甚至每況越下。

你把他們說得很壞很糟，卻希望他們變得很好很棒，這可能嗎？結果「就像你說的一樣」。

要讓一個人成為很好很棒的人有兩個方法：
第一、讓他覺得自己很好、很棒。
第二、讓他真的變成這樣的人。

多讚美、少責難

你對別人的批評和讚美，其實都是給人「下定義」。

每個人都依循著自己的定義過生活。

你也許認為自己是堅強的，那你就會表現出堅強；當你認為你是正直的，你就會表現得很正直，做事保持公平正義；如果你認為自己是和善的、隨和的，你就會與人為善，跟誰都能合。不管你給自己的定義是什麼，你的表現就是什麼。

你可能看過有些人，在家人面前常亂發脾氣，而且不負責任，卻對同事相當客氣，而且很盡責。那是因為他們在同事面前對自己有不同的定義。

有人和另一半起爭執，吵得面紅耳赤，後來電話響起。接起電話，突然變得輕聲細語，甚至談笑風生。這是怎回事?沒錯，因為定義不同，所以表現就不同。

別人對我們的定義也會深深影響我們的言行。比方，你的同事認為你是個紳士，那麼在他們面前，你就會像紳士;如果某個人認為妳很淑女，那麼在他的面前，妳就會表現得像淑女一樣。人會不斷地驗證別人給他的定義。如果妳對先生的定義，是體貼、有擔當、脾氣好……慢慢他就會變成那樣;如果你對太太的定義是粗心、不溫柔、情緒化……你去注意一下，不久她真的就會變成那樣。

你對別人的批評和讚美，其實都是給人「下定義」。所以我們應該多讚美、少責難。此外，我們也應該多給自己一些好的定義，比方，想像自己是一位正直、可靠、有愛心、慈善又睿智的人，然後讓自己真的成為這樣的人。

你引發出什麼？

原本的天使變成了魔鬼，那你就要檢討了。

人的一半是天使，一半是魔鬼。天使在人心中，魔鬼也在人心中。再善的人，也有一點惡；再惡的人，也有一點善；善惡都在人心中。

你跟某人在一起，經常笑逐顏開，變得誠懇、友善、謙虛、感恩、正直，那是因為你們引發彼此心中的善；而如果經常惡言相向，變得粗暴、無禮、憤怒、煩躁、邪惡，那就是引發了心中的惡。

引發心中的善，就是跟天使做朋友，反之，引發的是心中的惡，就是跟魔鬼打交道。

你可以看到有些人對你很好，卻對另一些人不好，那是因為你跟他內在的天使做朋友；而另外的人，一定是惹上了他們內在的魔鬼。

你應該也聽過有些人遇到某個人或跟某個人交往之後，好像變成另一個人，那其實不是變另一個人，而是內在的善或惡被引發出來。

所以，當你跟某人交往，你可以觀察一下，自己是越變越好呢？還是越來越糟？你也可以看看，那個跟你交往的人，是越來越良善呢？還是越來越惡劣？如果是前者，那很棒；反之，原本的天使變成了魔鬼，那你就要檢討了。

「你引發了什麼？」這是我們經常要反躬自省的。許多愛人常會互相指著對方，「你變了，以前很好現在卻變了樣」，但是一個很好的人為什麼會變成另一個樣？想想看，你引發了什麼？

饒了自己

當你讓「別人難過」你就不可能「讓自己好過」。

當我們為他人所傷，內心紛亂，憤恨的情緒久久無法釋懷，報復之心於焉生起。

「我恨透了那個人，」你說，「我絕不會讓他好過。」你滿心怨恨，渴望報復，你相信只有讓他痛苦，你才會好過一點。

但這樣有用嗎？當然沒用，當你一心想著報復，腦中一遍遍地想著他及他對你的侵犯和傷害行為，這樣對他有什麼影響？他根本都不知道，你只是讓自己更不好過而已。

你想扛石頭去砸他，但必須一直扛著石頭的人是誰？你氣得想砍那個人幾刀，但當你憤恨難平，那個真正受傷的人又是誰？是你，對嗎？

好吧！就算你真的讓他受傷，那石頭真的砸到了他，他的受苦就能使你受益嗎？他所受的傷害就能癒合你的傷口嗎？有嗎？

那是不可能的，因為當你讓「別人難過」你就不可能「讓自己好過」。

心繫仇恨，一心想報復的人，很少靜下心來想過。如果你懂得愛自己，不再去「懷念」別人對你的傷害，你的傷害還會剩多少？

深陷怨恨讓你內心無法平靜，甚至在夜裡輾轉難眠。如果你懂得疼惜自己，饒了那個人，那你的痛苦還會持續多久？

當你饒了別人，你會失去什麼？你會失去的唯一東西就是痛苦而已。

沒錯，饒了別人就是饒了自己。所以，請饒了自己吧！

強求不來

得來不易的，維持也不易。

人也好，物也好，再喜歡的人，再想得到的東西，與你之間的緣分都是注定的。

有些東西擁有不一定會快樂，有些人得到不一定能長久，而失去也不一定不會再有。「是你的」就是你的，不必強求，「不是你的」你求也求不來，就算讓你求來了，結果也很難會圓滿。

但人都很執著，還解釋說那是「堅持」。事實上，「堅持」往往也是無法「堅強」的一種藉口，不是嗎？人們常以為「堅持下去」才是勇敢，事實上「堅強放下」才需要更大的勇氣。

強摘的水果不會甜，強求的結果不會美。不管是感情、職位、關係或任何你想得到的東西，你沒發現到嗎？得來不易的，維持也不易，那是強求不來的。

何不隨緣一點！

愛的條件

支撐愛的條件越多，愛就越不穩固。

人們的愛通常都是有條件的，先生對太太說：「你必須要這樣，我才愛你。」太太對先生說：「你不對我好一點，我就不愛你。」每個人都在談條件，而當對方達不到條件愛也就消失。

所以，愛已經不是重點，大家真正關注的是那些條件。

然而愛是條件嗎？如果愛是條件的話，那是不是只要「符合條件」的人，你都愛？或者是只要「不符條件」，你就不愛？這算哪門子的愛？你看那些嫁入豪門，或是政治人物、明星的婚姻都很難維持，就是因為其中牽涉的條件太多，只要條件失去，愛情或婚姻也就垮掉。

因為錢財而結合，當錢沒了，愛就很難維持；因外貌而在一起，當有更出眾外貌，或條件更好的人出現，愛也就移情別戀……支撐愛的條件越多，愛就越不穩固。你對愛開出的條件也是一樣，如果你對愛人要求很多，那你們一定常處在不穩定的狀態。

沒錯，愛得越少的人，才會要求越多。你可從這點來判斷別人對你或你對別人的愛——如果你為愛開出條件，或是有人對你說：「你必須要如何如何，我才愛你。」那就表示愛得不多。

因為，愛是無條件的。

衡量愛

你越活在真實裡，就越不需要「相信」什麼。

我們常以非常明確的方式「衡量」別人的愛——一週打多少次電話、說多少次「我愛你」，上下班有沒有接送、情人節送什麼禮物、訂婚用幾克拉鑽戒，房子用誰的名字……並相信這就是愛的表現。

有個女孩相信每天打電話是愛的表現，所以男友一連幾天沒打電話來，她就懷疑「他是不是不愛我了？」

但愛是這樣嗎？你會因為每天接到電話，或者是情人節收到某些禮物，才相信自己被愛嗎？

不，你越活在真實裡，就越不需要「相信」什麼。當你口袋裡有十塊錢，你需要相信嗎？你需要強調說，我相信我口袋有十塊錢嗎？

你需要「相信」自己是愛孩子或愛父母的嗎？你就是愛他們，不管你有沒有每天打電話給他們，或是他們有沒有送你禮物，對嗎？

如果你需要他們給你什麼或為你做什麼才相信他們的愛，那就表示你其實是懷疑的。

當愛是真實的存在，就不需要去證明什麼。你相信就夠了。

他很難相處

真心接納別人的本性，人與人之間就不會有相處的問題。

我們通常都喜歡和信念及觀念相似的人在一起，所以只要跟自己不同和不合的人就很難相處，如果必須在一起，也會盡可能去改變對方。

而當那個人不願改變，我們就會認為：「他很難相處。」

但那個人「真的」很難相處嗎？那也未必，也許他跟某些人相處得非常好。反過來說，他也可能認為你才是難相處的人。

其實，我們每個人都是獨一無二，沒有人可以和另一個人完全一樣——

—有同樣的出生背景、興趣、品味、觀念、想法或同樣的心情。然而如果我們不能真心接納別人的本性，只以他們是否符合我們的標準或期待來看待，當然很難相處。那就像強迫別人穿自己的衣服或鞋子一樣，當然會不合。

那要怎麼改善？答案是：不要做任何改善。你只要讓別人能夠做他自己，只要每一個人都能按照他本來的樣子被接受，那麼人與人之間就不會有相處的問題。

批評變欣賞

任何批評的地方，都可以是欣賞的地方。

人對人的評論都是相對而言的。

「優柔寡斷」換個角度是「很有主見」。

「個性頑固」換個說法是「意志堅定」。

「粗枝大葉」也可以說是「不拘小節」。

「邋遢隨便」也可以說是「大而化之」。

「喜歡挖人隱私」也可以說是「好奇心旺盛」……

任何批評的地方，都可以是欣賞的地方。

一位畫家把自己的一幅作品，送到畫廊展出，並做了一個有趣的實驗，他在作品旁放了一支筆，並附上留言：「如果觀賞者認為這畫有欠佳之處，請在你認為不好的地方作記號標示。」結果畫上標滿了記號，幾乎沒有一處不被批評。

過了幾天，這位畫家又畫了同一張作品拿出展出，不過這次留言與上次不同，他請每位觀賞者，在他們最欣賞的地方標上記號。當他再取回畫時，看到畫上面又被塗滿了記號，原先被批評的地方，卻都換上了讚美的標記。

我們總習慣批評伴侶，卻忘了他（她）也曾是我們所欣賞的人，不是嗎？

從現在起，試著把批評轉換成欣賞，把焦點從尋找缺點轉換成發現優點，你就會發現更多值得讚美的地方。

當他再取回畫時，看到畫上面又被塗滿了記號，原先被批評的地方，卻都換上了讚美的標記。

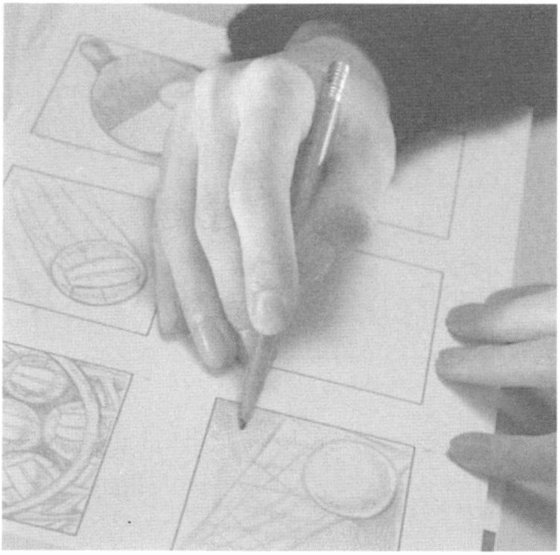

約翰就是約翰

沒有人想要被改變，他們只想要被愛。

當我們愛某個人，我們就會想去改變他，這幾乎是親密關係中最普遍的現象。人們總是說那是因為愛——因為愛他，所以才希望他變得更好。

但改變別人是愛嗎？如果有個人一直在告訴你，你該怎麼做才對，你會有什麼感覺呢？會覺得「被愛」嗎？

約翰，他比較隨性、做事不拘小節……這是「他的」本質，如果你並不喜歡，你怎麼能夠說「愛他」呢？

瑪麗，她比較敏感、做事要求完美……這是「她的」本質，如果你想改變她，你怎麼能夠說「愛她」呢？

約翰就是約翰，瑪麗就是瑪麗，每個人都是按照自己的本質過生活，想要改變別人或對別人要求太多，都是自大也是自私的。我們都希望做自己，希望別人接受我們，你不也是這樣嗎？所以你有什麼權力希望別人改變呢？

沒有人想要被改變，他們只想要被愛。沒錯，如果你真的是為了愛，那你會去改變自己；只有不愛，才會去改變對方。

那些你想改變的，不都是你不喜歡、不愛的嗎？

改變變欣賞

如果無法改變就試著欣賞吧！讓自己從評論家變成藝術家。

想改變別人的人，就不可能欣賞；懂得欣賞的人，就不會去改變。

所以，你看有些夫妻或朋友，他們雖不完美，甚至毛病還不少，然而為什麼他們在一起可以和樂融融？沒錯，是因為他們懂得欣賞。

我聽說，有個人一心想要在自己的院子裡種出一片漂亮的草皮。但是他發現有好幾株蒲公英在跟它作對，而且蒲公英越長越多，終於占據院子的一角。

他試了許多方法想把蒲公英從草皮上去除掉，噴農藥、換不同的肥料、把蒲公英一株株連根拔起，最後，他只能求助於園藝店老闆。

「還有別的方法可想嗎？」他問。

「我的建議是，」老闆回答他，「你該學著去欣賞那片蒲公英。」

這就是「相處之道」——如果無法改變就試著欣賞吧！讓自己從評論家變成藝術家。

願與怨

你有多少「願」，就會有多少的「怨」。

你期待年終獎金十萬，老闆卻只給五萬，你會快樂嗎？當然不會，因為這跟你的願望有很大落差，你可能還會抱怨，對嗎？

你以為生日他會送你禮物、約你去吃大餐，沒想到他竟忘了；你希望他能多關心你，希望他能多陪你，但是他什麼都沒做到，這時你會怎麼樣？你就會抱怨、會埋怨，對嗎？

你注意過你的「怨」是怎麼來的嗎？是不是你想要得到，卻沒得到；

你相信他應該給你，但他卻沒有給你，這時你的怨氣就會升起。

你有多少「願」，就會有多少的「怨」。願越多的人，快樂就越少，快樂越少，怨就越多；怨累積多了，你做什麼就會變得心不甘，情不願，對不對？

所以，如果你常有怨氣，你可以問自己，是不是常常「預期」他人應該做什麼，應該怎麼對你？這些「願望」真的合情合理嗎？你有權這麼做嗎？將願望託付在別人身上，不但會讓自己心生怨氣，換做別人也會心不甘，情不願。

求愛與囚愛

將別人當作你的終身事業，你隨時都可能失業。

許多人以為愛會給予一些東西包括：支持、讚美、關心、禮物、責任或安全感。所以一旦進入了愛，我們都依賴別人來給這些東西，因而落得經常失望。

只要你把對方當作是愛的來源，以為對方可以滿足你的需求，你就注定會失望。因為這樣等於是在求人，不是嗎？當你的需求依附在某個人身上，就得仰人鼻息；你的喜怒哀樂完全受到牽動，你的愛當然會讓你挫折沮喪。

愛是要給出去的，而不是去求來的。如果你一直去求人，你就把自己操縱在別人的手裡，讓自己在傷害、失落、背叛的監獄裡囚禁，求愛就成了囚愛。

因此，絕不要求人，不要依賴別人滿足你的需求，即使那個人是你的終身伴侶也一樣。將別人當作你的終身事業，你隨時都可能失業。

沒有需求

當你沒有任何需求，你就不會創造任何恐懼。

你與人交往，如果你比對方關注，你對別人有較多需求，對方一定獲得主導地位。反之，如果對方比你更關注，他對你有需求，那麼，你就擁有主導力量。

回想一下，你在哪些人面前會覺得害怕畏縮，是不是你對他們有所求？你會擔心自己說錯話、怕表現不夠完美，對嗎？所以，你才會變得低聲下氣，甚至覺得矮人一截，這都是因為你對那個人有需求。

如果你「無求於人」。當別人願意付出，你會很高興，要是他不願意，也沒關係；當他願意幫助你、支持你，你會很感激，如果他不願意，也無所謂。這樣別人就不可能影響到你。

當你沒有任何需求，你就不會創造任何恐懼。你很快從別人那裡，要回自己的力量。

順心，不如意

如果你凡事都想順心，又怎麼可能如意呢？

如果你的朋友或愛人沒有用你喜歡的方式對你，而引起你的不滿，不要一開始就認定他們有錯，因為如果你一開始就認定別人是錯的，一開始就生氣，那你將很難順心如意。

怎麼說呢？你可以回想一下，你上一次不高興是在什麼情形下？是不是因為別人「不順你心，不合你意」，然後你就生氣，你就不高興，對嗎？

生氣的人總認為自己是對的，且大都會站在自己的立場去看事情。也就是說，你並不是因為那個人不對而生氣，而是因他「不順心，不合意」而生氣。

人們總希望凡事都順心如意，那是不可能的。因為如果你凡事都想順心，又怎麼可能如意呢？這世界上的人或事本來就不可能完全如你的意，即使你努力找到讓你滿意的對象，你也很難「完全」滿意，不是嗎？

沒錯，想別人都順你的心，你就很難順心；想事情都如你的意，你就會經常不如意。

所以，當你對人不滿的時候，不要一開始就認定別人是錯的，你應該問自己，到底是在不高興什麼？是誰規定，凡事都得順你的心，合你的意？

沒有他，你更好

要如何判斷一段情感是否值得繼續下去？

你可以看看你喜不喜歡和那個人在一起時的自己。

要如何知道一個朋友是否值得交往？

你可以看看和那個人在一起會讓你變成怎樣的人。

如果你跟他在一起會變得良善，那這個朋友就值得交往；反之，他會引發你內在的邪惡，那這樣的朋友還是少來往為妙。

要如何判斷一段情感是否值得繼續下去？

你可以看看你喜不喜歡和那個人在一起時的自己。

如果你因為喜歡那個人而開始厭惡自己，那麼你就不該繼續喜歡這個人。

如果那個人已經到讓你懷疑自己存在的價值，那麼你就不該繼續下去。

要如何確定一段情誼是否應該結束？

你可以看看有他或沒他，你會有什麼不同。

如果你必須討好他，讓自己吃力不討好，這樣的人疏離就好。

如果他非常精打細算，常算計你，這樣的人則要遠離。

如果你快樂的時候，他會變得不快樂；你失意的時候，他反而覺得得意，這樣的人你應該立刻斷交。

跟玫瑰在一起身上就會有花香，跟狗在一起身上就會有跳蚤，如果你跟那個人在一起只看見「跳蚤」，卻聞不到「花香」。那沒有了他，你會更好。

跟玫瑰在一起身上就會有花香，跟狗在一起身上就會有跳蚤，如果你跟那個人在一起只看見「跳蚤」，卻聞不到「花香」。那沒有了他，你會更好。

情感黑洞

小心「別被失落的人絆倒」。

你有沒有這樣的經驗？當你和某些人在一起或離開他們後，你會覺得充滿活力；而有些人就完全不同，當你和他們在一起或離開後，你會覺得耗盡精力，甚至覺得空虛而沮喪。

如果你有後面這樣的情況，你就要注意了。如果你繼續跟這樣的人在一起，小心他們會吸乾你的能量。

以下是一些會吸取你能量的人：

•在感情或物質上貪得無厭的人。

•利用你，想從你那得到一些東西的人。

•嫉妒你、不欣賞你的人。

•有損你健康的人。

•總是對你訴苦、抱怨的人。

•不再是朋友的人。

跟這些人在一起，你會覺得很累，你想幫他們打氣，他們反而在漏氣；你想拉他們一把，反而會把自己給拖垮。這樣的人，你最好遠離。小心「別被失落的人絆倒」。

交朋友

你想交到什麼樣的朋友，只要自己先成為這樣的朋友。

朋友是什麼？

朋友是：

當別人懷疑你時，他還相信你。

當你難過時，願意安靜地陪著你度過。

當你開心時，他比你更開心。

當你遭遇逆境時，他不請自來的人。

朋友是：

做對事時對你豎大拇指。

做錯事時會拍你的肩。

太快時會拉住你，落後時會推你一把。

陷在泥沼會緊握著你，又不怕弄髒手的人，這就是朋友。

要怎麼分辨誰才是最好的朋友？

當有困難的時候，你第一個想要求助的是誰？

當傷心的時候，你第一個想要向他訴說的是誰？

當你歡喜的時候，你第一個想要和他分享的是誰？

這個人就是你最好的朋友。

好的朋友，不會錦上添花，但一定雪中送炭。

好的朋友，不一定掛在嘴上，但一定放在心上的人。

那要怎麼交到這麼知心、夠意思的朋友？

要想交到知心朋友，先成為知心的朋友。

要想交到夠意思朋友，先成為夠意思的朋友。

不管你想交到什麼樣的朋友，很簡單，只要自己先成為這樣的朋友。

永恆與永久

愛的可貴在於永恆，而不在永久。

如果愛是真實存在，那麼只要真正愛過，愛就永遠不會消失；如果它會消失，那愛並不是真正存在。

失戀的人常覺得受騙：「他說會愛我一輩子，而今卻離我而去。」這份愛已消失了嗎？不，只要曾真愛過，愛就永遠都在。

戀人們總期望能永遠在一起，但這樣愛就一直都在嗎？不，當兩人天天在一起愛反而消失不見。

握在手裡的不一定就能真正擁有，我們所擁有的也不一定要一直握在手中。

所以，當愛人遠離，你要問自己，那愛還存在嗎？如果那愛還存在，他就沒有消失；而如果愛已消失，即使勉強在一起，愛也不是真實存在。

愛的可貴在於永恆，而不在永久。曾經走過的，就不必再回頭；曾經擁有的，就不必覺得失落。畢竟，你曾經愛過，就曾經幸福過，不是嗎？

那是永遠不可抹滅的。

緣起緣滅

所謂的「擁有」，其實只是「階段性擁有」罷了！

因為某些原因你和他漸行漸遠，你感慨萬分。

那時你們曾經是那麼的要好，你懷念起過去所擁有的美好，又再次傷感。

但是，人與人之間的緣分本來就是這樣，有緣起就有緣滅。在因緣際會中，你「擁有」了他，過了那個階段，因緣散滅，他就不再屬於你，所有的因緣，都只是一生中的一段時間。

無論是子女也好，朋友、情人也罷，沒有人可以永遠擁有另一個人。

所謂的「擁有」，其實只是「階段性擁有」罷了！

所以，當擁有的時候，我們就要懂得珍惜；當對方離去的時候，也要心懷感激互道珍重。畢竟，大家都曾是「有緣人」，不是嗎？

一切會過去

當時你覺得快過不下去，其實你只是和當時的自己過不去。

曾經你以為那個快樂會一直都在，沒想到它不但消逝還帶來了痛苦；

曾經你以為那個悲傷永遠不會過去，沒想到冬去春來你遇見了幸福，

後來你還懷疑自己為何悲傷。

生命充滿這一刻看來重大，難以度過的人事物，而事過境遷，你發現

它不再重要，因為一切都會過去。

回過頭看，不論你曾經歡笑或悲傷，曾經愛過、痛過、氣過、哭

過……不管多少個曾經，而今呢？一切都過去了，不是嗎？許多事情不過是時間的問題。

幾天前你覺得很愉快，隔天你又不愉快；幾個月前，幾年以前，你曾憤恨、吶喊、悲痛，你覺得快過不下去，結果呢？你依然完整、健康、平安，一切不也都過去了。

當時你覺得快過不下去，其實你只是和當時的自己過不去，對嗎？

今天，就在此刻，你失意嗎？沮喪嗎？日子快過不下去嗎？別看得那麼嚴重。因為，一切都會過去。

不得不失

你得到了多少快樂，你失去時就會有多少痛苦。

每當你因失去什麼而感到痛苦時，你有沒有想過，自己為什麼如此痛苦？

是因為「失去」，你說，因為我失去了心愛的人、失去心愛的寵物、失去了心愛的東西……但同樣是失去，有些人為什麼並不會那樣痛苦？

是因為「得到」。當你失去時會很痛苦的，那就表示你得到時很快樂。你得到了多少快樂，你失去時就會有多少痛苦。

你得到某個職位，你覺得「一點快樂」，那當你失去你也只有「一點痛苦」；你得到某個機會，你覺得「非常快樂」，那當你失去時你也將「非常痛苦」；依此類推。你和他在一起的回憶有多美好，你現在的失落就有多少。

幸福越大，幸福失去之後的痛苦就越大；越是美好的人事物，當失去之後也就越失落、越悲慘。那就是為什麼先哲會提醒我們：「不以物喜，不以己悲」。得到不必太高興，失去也不必悲傷。

所謂「不得不失」，一個人從來沒有得到的東西，就永遠不會失去，也不會因失去而痛苦。

得失之間

失去，其實是一種獲得。

有時，你總感慨，感慨那些錯失的機會。
有時，你總後悔，後悔那些溜走的幸福。
每每想起，心中總有幾許悵然，直到你慢慢體會……
要不是打擊，你就不可能學會堅強。
要不是失敗，你就不可能造就現在的成功。
要不是因為迷路，你就不會發現這條新路。

要不是因為分手，你就不會有機會認識更適合的人。

要不是曾經錯失那些，你就不可能擁有現在這些……當你一遍又一遍回憶過往。你突然明白了，失去，其實是一種獲得。

得失之間，全以你的視野而定——

如果你只看眼前，你就是失去；如果你可以拉長視野來看，你就是得到。

如果你注意的是失去，你就只有失去；如果你看見的是得到，你就真的得到。

難過，因為不接受

只要學會接受，再難過也會度過。

一份感情結束為什麼會那麼令人難過？是因為失去那個人讓你難過嗎？

但，當兩人在一起的時候你為什麼也「不好過」？是因為那個人讓你「不好過」嗎？若是，那為什麼感情結束你會如此難過？

難過，是因為你不願接受，只要你不願接受的，你就不好過。

失去會讓人覺得難過，但當你感到難過往往也已經經歷過。你之所以難過，是因為你不願接受，你還執著於那個失去的人，這就是你難過的原因，不是嗎？

你與那個人在一起為什麼「不好過」？是不是因為你不願接受他的脾氣、個性，不願接受他的缺點、毛病……所以搞得彼此都很不好過，對嗎？

你不接受他，所以日子難過；你不接受失去，所以心裡難過。所以，問題不在你有多難過，而在你打算難過多久？

只要學會接受，再難過也會度過。

要轉頭，不回頭

如果你繼續沉溺在追悔中，你就忽略了它們給予你的禮物。

你說，早知道事情會變成那樣，當初就不該相信他的話。

你又說，如果當初你作了不同的決定，現在就不會那樣。

人總習慣回頭看過往，說什麼當初如果做了另一個決定，現在就會完全不同；要不就一心幻想自己回到過去的時間點，然後就會有不同的決定。

這當然都是不可能的。因為你永遠不可能回到過去；就算真的讓你回到過去那個時間點，你真的就會有不同嗎？不，你還是會一樣的。因為你還是過去的你。

而現在你覺得錯了，你覺得後悔：「如果當初……早知道我就……」那是因為你已經不同了，你比以前更聰明、更有智慧。

你為什麼會有這種領悟？不就是那些讓你後悔的事讓你學到的嗎？現在的你，是許多過去的你進化而來。如果你繼續沉溺在追悔中，你就忽略了它們給予你的禮物。

要轉頭，但不要回頭。生命是往前走的，你應該轉頭看看，在讓你後悔的事情當中，有沒有「學到什麼」，而不是在頻頻回首中遺憾終生。

走錯路

只要你把人生看成是自己獨一無二的創作，就永遠不可能走錯路。

很多人常以為我們生命之路只有兩條：一條正確，一條錯誤；我們應該在叉路口就先判斷出那一條是正確的。

所以，一旦選擇的結果不如預期，我們就會後悔自己選錯了路。然而，若不是選擇它，你又怎麼知道自己是錯的呢？

其實，生命並非如此對錯分明，反而是選擇了之後，要靠你的力量把選擇變成正確的。

其實，每個岔口的選擇也沒有真正的好與壞，因為每一條道路都有不同的風景，只要你把人生看成是自己獨一無二的創作，就永遠不可能走錯路。

一旦選擇的結果不如預期，我們就會後悔自己選錯了路。然而，若不是選擇它，你又怎麼知道自己是錯的呢？

寧可後悔

寧可後悔，也不要終生遺憾。

假使有一件事，不做會遺憾，做了會後悔，你會怎麼選擇？

如果你知道孩子只能活五十年，你會拒絕孩子誕生嗎？

如果你知道愛人最後會分離，你會拒絕交往嗎？

我想許多人都會拒絕——寧可遺憾，也不要後悔。

但是，一段感情，會因為結束就變得毫無價值嗎？生命會因為死亡就變得毫無意義嗎？當然不會。爬山不會因為終將下山，所以就變得沒有樂趣；白天不會因為終將走入黑夜，所以就不閃耀光亮；一頓餐不會因為你會再餓，乾脆就不要吃；生命也不會因為最後都會死，乾脆就不要活。

生命的可貴就在這裡，我們不知道未來將會發生什麼，但依然樂觀地勇往直前。深情熱烈的去愛，或許讓人受傷，但這也讓你成熟；感情的付出或許無法回收，但只要愛過就是一種完成。親密的人或許會離去，但美好的回憶會永遠留下來。

當你年歲漸長，你回顧過往，若發現心中還留有年輕歲月時的遺憾，這表示你活得不夠圓滿，你錯過了生命。

所以，勇敢地去經歷驗吧！寧可後悔，也不要終生遺憾。

隨緣成長

只要你經驗過，就不會白過。

人生很多事，逃避未必躲得過，面對未必不好過。所以，不管你正在經驗什麼，還是準備要經驗，記住，不要停下腳步，不要因恐懼而停留……

我本害怕學習，直到我看見無知的後果。

我本害怕否定，直到我學會肯定自己。

我本害怕嘲笑，直到我懂得自我解嘲。

我本害怕黑暗，直到我發現星空之美。
我本害怕去愛，直到我發現真愛可以如此美好。
我本害怕痛苦，直到我明白這是成長必經之路。
我本害怕改變，直到我看到經歷蛻變展翅的蝴蝶。
我本害怕失敗，直到我從中領悟到的比失去更多。
我本害怕生命，直到我經歷過死亡。
我本害怕死亡，直到我活出了生命。
生命的每一個過程、每一個際遇，不可能都是美好經驗，但你可以讓經驗變美好。只要你經驗過，就不會白過。

這才是最可怕

如果你不敢面對，就得一生一世躲著它。

對於那件事，你一再一再地逃避。但是每逃避一次，你就必須再次面對，那個陰影就一直跟著你。

所以，不管你正在經驗中，還是準備正要經驗，千萬不要停下腳步，不要因恐懼而停留。這並不容易，我知道，但卻是克服恐懼唯一的辦法……唯有你走過，唯有體驗過恐懼，你才知道什麼是勇氣；唯有你真正面對，你才能克服它。

就像愛爾蘭古諺說的：「如果你看到鬼魂，拔腿就跑，它一定會追著你，終其一生糾纏你。但是如果你停下來，轉過身，面對它，它就會消失，因為鬼魂不是真的。」一次有勇氣的行動可以消除所有的恐懼。

別害怕！你該害怕的，不是你所害怕的事物，而是任由「害怕」這件事讓你裹足不前，這才是最可怕的。

如果你不敢面對，就得一生一世躲著它。

未了情

只有被完成，懸盪的心才能真正的放下。

唯有當一件事是完成的，你才能夠放下它，否則它將會一直懸在那裡。

比方，如果你在寫一份報告，除非那份報告被完成，否則你無法忘掉它；如果你有個願望想到某個地方旅遊，除非你已經去過，否則你將無法忘懷；如果你心裡有話，除非你把它說出來，否則它會繼續縈擾著你。

你是否注意到，你的夢是怎麼回事嗎？你想過嗎，為什麼你的心理會懸著一大堆的事？沒錯，任何未完成的都會懸在那裡，懸盪在你的心裡、你的夢裡，成了「未了情」，等待被完成。

你什麼話沒說出來或是有事情沒解釋清楚的嗎？你有什麼想做的事卻還沒去做的？有什麼擱在心裡的夢想嗎？

不要再等了！想做的事，就快去做；想說的話，別壓在心裡面；有什麼夢想，就要去實現它。任何今天可以做的，就不要拖到明天。

因為只有被完成，懸盪的心才能真正的放下。

等以後再說

你永遠無法預料未來，所以不要延緩要過的生活。

有一位廠長，在我們認識那麼多年裡，我經常聽他說：「六十歲要退休，到全世界旅遊。」

上回，我見到他時，他已經六十二歲了，我問他：「你怎麼還沒退休，你不是說要去環遊世界嗎？」

他說：「喔！我現在還有一個計畫還沒完成，這個計畫非常重要，我必須等它完成再說。」

就這樣，他還是沒實現自己想過的生活，最近卻中風了，生命垂危地躺在加護病房裡。

一位朋友的妻子也發生同樣的遺憾。她一直想去歐洲看看，這是她多年以來的夢想。但是朋友老覺得一趟旅行下來，要花費太多錢和時間，所以總是告訴她：「等以後再說。」

如今，他退休有了錢，時間也有了，但妻子的夢想卻一直沒有實現。她去年過世了。他感慨萬千。

你有什麼心願未了嗎？儘快去做吧，因為你永遠無法預料未來，所以不要延緩要過的生活，不要說：「等到……以後你要如何」，因為生命只在一瞬間。

盯著計分板打球

你的目標很重要，但不值得犧牲你的幸福和快樂。

不快樂的人最普遍的原因是他們企圖按照自己「設定」的計畫過生活，這也是幸福最大的阻礙。

比如說：我二十歲一定要結婚，二十五歲一定賺到一百萬，三十歲時一定要有自己的房子，三十五歲一定要結婚，四十歲就要存一千萬、要當上主管、要自己當老闆……因此，當某個計畫發生問題，沒有實現設定的目標，就會失望、懊惱。

你開始不滿意自己所擁有的，因為你的目標還沒達成，你預計的數字還差了一大截，你怎麼放鬆下來？你有那麼多願望沒實現，你怎麼有辦法喜樂呢？

你的不快樂就是這麼來的，因為那個圓滿的未來，你一直責難自己，拿自己和目標比較，因而對現在很不滿；為了未來的幸福，你已經忘了享受眼前的幸福。生命若是一場球賽，如果你只為數字而活，無異是盯著計分板打球，這樣怎麼會有樂趣呢？

別將自己釘死在目標上。你的目標很重要，但不值得犧牲你的幸福和快樂。人追求財富、地位及權力，目的都是為了要快樂。但在奮鬥時，我們忘了目的，把重心放在追求，因而過得不快樂，這不是本末倒置嗎？

快樂不需要那麼多目標，快樂就在眼前；幸福不需任何條件，幸福就在當下。只要放下設定的目標和條件，只要拿掉「自設的阻礙」，你馬上就可以幸福快樂。

除了你自己，有人在阻礙你嗎？

誰知道？

沒有人能了解他「不了解」的事。

我們都渴望自己被理解，卻很少願意主動讓人了解，所以有時只是小問題，也能造成很大的誤解。

我們都渴望聽到別人的內心話，但自己卻總愛說些表面話，結果與人所建立的往往也是一些表面關係。

很多事情不要以為對方知道，所以就不講；很多話也不要以為將來還有機會，可以等以後再講；生命是很無常的，不要等到太遲了，才後悔有些話來不及說出；也不要等到造成誤解了，才後悔為什麼不早一點講清楚。

即使再親密的人，也無法永遠知道你的心意。你有沒有還沒說出的心裡話？有沒有跟誰的誤解還沒有解釋清楚？快去說吧！沒有人能了解他「不了解」的事。你不講，誰知道？

一定要享受過程

不要從結果看得失，學習從過程看人生。

我們可能會為自己訂下類似「要賺到多少錢、得到某些東西、完成某個計劃」的目標，並因為達不到目標而不開心。

結果是，想贏得成功，卻過得很失敗；想擁有美好，卻過得很不美好。

其實，過程不開心，就很難開心，因為人生大半都是過程，目標只是短暫片刻，而且當達到目標，你又會有新的目標，若只關心結果，你當然很難開心。

幸福是旅途，而非終站。快樂並不是在目的地，是旅程中的每一步造就了快樂。

你看看，沿途有這麼多美麗的風景，草如此翠綠，迎風搖擺，鳥兒在樹上歌唱，還有風吹過竹林的聲音，岩石上的青苔，樹幹上爬行的小動物，然而如果你認為唯有到達目的地才快樂，那整趟旅程一定苦多於樂。

生命的目的並不在道路的盡頭，而是在整條道路上；因為美好的風景並不在目的地，而是在每一步路、在每一個景、在每一個呼吸、在每一個心跳，不論你在哪裡，那裡就是你的目的地。

所以，不要從結果看得失，學習從過程看人生。勝利成功只是過程的一部分，最後的頒獎，也只是過程的極小部分，真正的樂趣必須在參與的過程裡去找。

不管你的目標是什麼，記住，一定要享受過程。

幸福是旅途，而非終站。快樂並不是在目的地，是旅程中的每一步造就了快樂。

自作自受

當你不能忍受別人，就必須忍受自己。

今天真是憋了一肚子氣。你說。

一早出門就遇到一個橫衝直撞的騎士，險些被撞到；公車司機很粗魯，人都還沒坐定，車子就發動，害我差點摔跤；到了公司，唉！主管還是那副嘴臉，自以為是，看了就討厭。下了班，原以為惡夢可以結束了，誰知道打開電視，又看到那些令人厭惡的政客……你說氣不氣人？

當然氣人，但是當你氣得要命的時候，請問那個人知道嗎？他們有受到任何影響嗎？不，他們一點都不知道，又怎麼會受到影響呢？所以真正受到影響的是誰？是你，對嗎？

沒錯，當你不能忍受別人，就必須忍受自己。

經常我們會遇到一些讓人討厭的人，比方，動作粗魯、說話無禮、態度傲慢、虛情假意、自以為是的人……的確，讓人看了就討厭。但是那是「他的」問題啊，如果你老是咬著問題不放，就會像是一隻狗，人家丟一根骨頭，就奔向骨頭，那別人的問題就成為你的問題，這不是「自作自受」嗎？

用光亮填滿黑暗

當你伸出友善的手，你就不可能握著拳頭。

兩個想法不能在同一時間上占有同一空間。

心中有信任，就沒有空間留給懷疑；當我們是快樂的，就沒有空間留給悲傷；反之，一旦我們心中填塞的都是悲哀，快樂便無法存在。我們無法同時又快樂又悲傷。

你不可能同時想對一個人生氣，卻同時想對他好；你也不可能很抱怨又很感激，很喜歡又很討厭，很樂觀又很悲觀；你可以交互想兩件事，但是絕不能在同一時刻想兩件事，因為這兩種想法不能同時存在。

所以，當心情低落、空虛沮喪的時候，你可以藉由這種方法，以樂觀正面的想法來填滿你的心，如此負面的情緒就沒有立足的空間。

當你心中充滿喜悅的時候，不愉快就消失；當你想的是那個人的好，你就不可能痛恨他的壞；當你伸出友善的手，你就不可能握著拳頭；當你心中有藍天，你就不可能抱怨地上的污泥；當你內心充滿了光亮，你就不可能繼續留在黑暗。

你受不了

如果他必須忍受自己一輩子，你爲什麼不能忍受他一下呢？

又來了！你說：我真的很受不了他（她）。

受不了什麼？

受不了她做事慢吞吞的，沒有效率，反應遲鈍。

受不了他太神經質，緊張兮兮的，不知道在緊張什麼。

受不了他（她）情緒火爆、性格軟弱，做事粗心大意，三心二意、沒原則、沒主見……

但是你為什麼受不了，這問題你想過嗎？是不是你也很受不了自己那樣，否則你為什麼受不了？

假設某人做事沒主見，沒有原則，這毛病讓你受不了，不妨問問自己：「我自己是不是也常沒主見，沒原則？」所以，你才努力堅持原則，並討厭那沒主見的人。

假設某人很情緒化，常發無名火，你很受不了他，也請問自己，而且要老老實實地問自己：「我自己是不是也會情緒不穩？」你不喜歡情緒化的人，很可能是有時你也會情緒不穩，你不喜歡那樣，你受不了別人是因為你害怕自己像他一樣。

找出別人身上讓你厭煩的事情，再反問自己。這方法可以運用在任何人身上，只要那個人的某種言行讓你受不了，你就可以做這個練習。

當然，也許你真的很好，你完全沒有這樣的毛病。但若真是這樣，那你就更不應該受不了那個人。誰希望自己那樣啊？

想一想，如果他必須忍受自己一輩子，你為什麼不能忍受他一下呢？

厭惡的人

你對別人的行爲感到厭惡，那就表示你對過去的厭惡還沒釋懷。

你有沒有這樣的經驗，一看到某些人或與他們剛認識不久，莫名的，你就覺得討厭；有的是因為他的長相、有的是表情、髮型、甚至嘴型，有的則是他說話的方式，你也說不上來為什麼，總之你就是不喜歡。

為什麼會有這種反應呢？那是因為過去的經驗會形成我們特定的感情向，並對特定的人事起反應。

例如，有人介紹朋友給你認識，如果那個人說話很像你討厭的同事，那你當然很難會對他有好的印象，說不定話不投機還可能爭論起來。

你到一家店裡買東西，如果那個店員使你想起一個厭惡的人，那麼你可能就不會想跟他買東西，甚至覺得他很討厭。

「厭惡的人」是我們對不愛我們、對我們不好的人投射出來的內心形象；而「厭惡的感覺」則是我們對那些厭惡的人投射出來的情緒。

更明白的說，你對別人的行為感到厭惡，那就表示你對過去的厭惡還沒釋懷。你的感覺（情緒）是在提醒你，你厭惡發生在你身上的某件事，就是有人在過去曾對你做過某些事，而你還沒釋懷。

我認識的一位病人，每回只要看到與她那暴力傾向的前夫神似（譬如說髮型或是體型）的男人就會驚慌失措。

另有一位學生，他說每逢有人對他繃著臉，他的腦海便立即飛掠過父親兇惡的臉孔。他非常厭惡有人對他繃著臉。

所以，如果某人的形象在某種程度像我們「厭惡的人」，我們很容易將他與過去所厭惡的人聯想在一起，並產生「厭惡的感覺」。同樣的，當某人讓我們有「厭惡的感覺」，我們也會將過去厭惡的感覺聯想在一起，並認定那個人是「厭惡的人」。

了解了厭惡的由來，下回當你對某人，特別是對一些初識不久卻心生厭惡的人，你可以問自己：這個討厭的人是不是很像我認識的某個人，還是哪一段不愉快的往事？否則我為什麼如此厭惡？仔細去想，慢慢你就會想通。

指責即指引

每一次別人對你造成的傷痛都是指引，他點出你內在的痛點。

當你覺得氣憤，認定你是被傷害的一方，是對方造成你的痛苦，在你準備指責對方，或要發作前，請先沉靜一段時間——向內看自己。

看看這傷痛是怎麼引發的？因為唯有在已經有傷痛的地方，別人才能讓你痛苦。有人說你懶散，你聽了非常生氣，你說：「我最討厭人家這樣說我。」那你為什麼會如此討厭？是不是因為你討厭自己懶散，還是因為你曾因懶散而被指責過？所以當有人這樣說你的時候，你才會如此氣憤？

有人嘲弄你或打擊你而讓你覺得深受侮辱，同樣，別急著一股腦把怨氣都發在對方身上，先內省一下，自己是否如對方所說？否則你為什麼會被激怒？是不是自己過於敏感？還是自信不夠？安全感不足？你可以將別人的指責作為指引，從而發現自己內在的真相。

有人說你是酒鬼，如果你根本不喝酒，你會生氣嗎？你怎麼可能生氣，你只會懷疑這個人，「他在亂說什麼？」然而如果你真的很愛喝酒，甚至視酒如命，那麼當有人這麼說你，你就會很氣。為什麼？因為他說到了你的痛處，情形就是這樣，對嗎？

每一次別人對你造成的傷痛都是指引，他點出你內在的痛點。如果你沒有傷口，那麼當別人對你灑鹽，你就不會痛得哇哇大叫。

沒有是非

「沒有是非」，那樣「是非」也就無從生起，不是嗎？

當我們覺得憤怒有理，認定自己是「對的」一方，很容易就會怪罪別人。但當我們「得理不饒人」，反而會引發是非，那樣即使你是對的也變成錯的，不是嗎？

你說別人自私，但你真的都沒有私心嗎？你說別人無知，但你真的無所不知嗎？你看到別人犯了錯，或做了你認為罪惡的事，你就開始譴責他，而你從來沒有想到，在你裡面也有同樣罪惡的種籽，你一樣也會犯錯。

如果我們老是看向別人，就無法看清自己的真相，如果我們去怪罪或批評他人，就無法發現，你所見到的別人只是自己投射出來的影像而已。你了解得越深，就越能看清，原來我們在別人身上看到的不完美，就是我們自身的不完美。

一旦你了解，你將會有一個很深的洞見：你有同樣的毛病，你會開始接受，會開始包容，你知道人就是這樣，而我也會這樣，每個人都只是一面鏡子。透過這種了解的過程，你的慈悲心就發展出來。

你開始不用對錯的觀點看事情，而是帶著慈善的心來看。你不再指責別人的錯，或是去證明自己是對的。這並不是「是非不分」，而是超越了是非，是「沒有是非」，那樣「是非」也就無從生起，不是嗎？

先寬待自己

如果你評斷自己，你就會去評斷別人。

多數人都習慣評斷別人，因為我們從小就接受別人的評斷，長大後我們就會去評斷別人，而且要求自己越高的人對別人的評斷就越嚴。

比方，你覺得自己很差勁，竟忘了答應別人的事；同樣情形，若有人把答應你的事給忘了，你就會去評斷，你就會認為他是個差勁的人。

你要求自己積極，每天早起運動或讀書，那麼當孩子或伴侶晚起，甚至賴床，你就會認為他們懶散，不積極，對嗎？你是以什麼標準看待自己，就會以同樣（甚至更高）標準看待別人。

要想擺脫這種問題，最好的方法就是：不要評斷你自己。因為如果你評斷自己，你就會去評斷別人。

你有注意過那些「嚴以律己」的人嗎？他們往往很難「寬以待人」，因為如果你對自己很嚴厲，你會譴責自己，你怎麼寬待別人？你會對別人要求那麼嚴，是你對自己太嚴；你無法接受自己的錯誤，所以你將很難接受別人犯錯。

我們都聽過這樣的話：「不愛自己的人，無法去愛別人。」你都很難愛自己了，怎麼可能去愛別人？如果你愛你自己，就不會讓自己承受痛恨之苦，去責怪別人，不是嗎？

所以，不要評斷自己是非常重要的。你不對自己生氣，慢慢你就不會對別人生氣；你不苛責自己，你就不會對別人苛責；你不評斷自己，這樣你就不會評斷別人，也會減少遭到別人的評斷。

沒錯，先寬待自己，然後才能寬以待人。

我到底在害怕什麼？

你最該控制的只有一件事——就是控制好你自己的控制欲。

控制欲是怎麼來的？控制欲是由無助感而來，正如同餓過的人常會吃得過量，窮過的人常變成守財奴，當人無助感過度增強之時，為了填補空虛、平衡恐懼，便會去控制、占有。當一個人害怕事情無法掌控，就會去掌控別人。

然而，因為無助感是「卑微和懦弱的」，所以人們常會以各種方式來掩飾。一個最基本的例子就是，我們經常會將無助和其他情緒混在一起。

我們的無助感會偽裝成強勢、煩躁、占有、小心眼、憤怒、不友善……等情緒形式來掌控別人。

以親密關係為例，當先生害怕被太太拒絕，常會變得強勢或不耐煩；太太擔心被先生遺棄，常會變得善妒或占有；當伴侶們深怕自己控制不住對方，往往就會以憤怒或不友善的態度來操控。但是由於沒有人喜歡被控制，其結果往往造成感情的衝突和疏離，讓人陷入更深的無助感。

下回當你一想控制別人時，你應該問問自己：「我到底在害怕什麼？」反之，如果你是被控制的人，不管那個操控的人是你的伴侶或任何人，先別生氣，你應該反問自己：「我為什麼會讓人覺得不放心？」會去控制的人，看似強勢卻是無助的。

此外，我們必須了解自己並無任何權力去掌控別人的行為或思想。如果別人一直想掌控你，你會任其掌控嗎？當然不會，你甚至還會反彈，對嗎？

所以，你最該控制的只有一件事——就是控制好你自己的控制欲。

自討苦吃

活在世上總有人會傷害你，但你不能先傷害自己。

人似乎都有自虐的傾向，對那些曾傷害過你的人以及被傷害的事，總是「如數家珍」「念念不忘」，沒事還拿出來回味一番。

某人十幾二十年前對你說過的話，你現在還記得一清二楚；那人侮蔑你，數落你的事，你一點都沒忘記；他對你的欺騙，對你的無情和對你的傷害，你更是「念茲在茲」，好像怕自己會忘掉一樣。

於是，一堆「陳年舊帳」也就不斷重新上映。想想看，那個人和那件事既然都已經「過去」，為什麼到現在還「過不去」，不就是你自己不斷去想？

你說，當時他們是如何傷害你、折磨你，但現在又是誰在傷害你、折磨你呢？是你自己，對嗎？

活在世上總有人會傷害你，但你不能先傷害自己。我認識一位歷經種種凌虐的病人，她平靜地告訴我：「我之所以能忘掉過去，是因為我已經認定那些人不值得我為他們而毀了自己的生活。他們對我的傷害，最多只能到這裡。」

沒錯，過去的傷害已經過去，當下要過什麼樣的人生，要怎麼活是你自己可以決定，你要永遠當一個受害者嗎？

把「我」拿掉

只要把「我」拿掉，當下就解脫。

人為什麼會放不下或想不開？關鍵就在於「自我」。

來自「我」很容易陷入「我執」。比方：有人對你無禮，那是「他的」修養不好，但是如果你認為：「他分明是『衝著我』來的。」那你的敵意馬上就會升起。

有人欺騙你，如果你自認倒楣，事情很快就過去，但是如果你說：「你好過份，『竟然對我』做這種事情！」那事情就沒完沒了。

如果我們的怒氣，裡頭沒有「我」的成分存在，它是就事論事，是針對問題和事情而生氣，只要等事情解決或釐清了，怒氣立刻就消失。但是如果我們的怒氣是來自「我」，那就完全不同，我們會變得耿耿於懷。那就是為什麼有些人的怒氣很容易就消掉，有些人卻氣不消或記恨，原因就在這裡。

你越自我為中心，麻煩就會以你為中心繞著你。你可以回想你認識的人裡頭，有哪一個人似乎老是深陷於沮喪和痛苦中。我想你一定會發現，這類人談話的焦點老是離不開自己。

我不認同、我不喜歡、我受不了、我心情不好、我虧了、我輸了、我這個、我那個……只要有「我」就會執著，太執著就放不下或想不開。

你說：「我輸了」，如果把「我」拿掉，就剩下「輸」，有輸有贏本是很平常的事，想通了，就不會一直放不下；你說：「我得了重病」，把「我」拿掉，就剩下「病」，到處都有人得到重病，你也不會為此想不開；你說：「我很痛苦」，把「我」拿掉，那「痛苦」沒有你的認同，它就會消失不見。

人們常說解脫難，其實你只要把「我」拿掉，當下就解脫。

自我麻煩

「隨他、由他、不理他！」看他能怎麼樣？

你可能認識一些很難相處的人，或是常找你麻煩的人。你唯一能做的就是，讓他我行我素，因為不論你做什麼，你跟這個「麻煩人物」就扯上了，只要你跟他們扯上了，你就會惹一身腥。

你走在路上，如果有一堆垃圾擋住你的去路，你只要繞道過去就好，但如果你跟垃圾對抗，那你不弄得滿身臭才怪。

以前，我就曾「惹上」辦公室裡的一位同事。他喜歡打小報告，翻動我辦公桌上的文件，甚至擅用我的辦公用具。

我去找他理論，他就背後打小報告；我要他不准動我的東西，他就說我小心眼，還說他是在找回他的東西，真是氣人。後來，我突然意識到，自己何必跟「這種人」扯在一起呢？

有句話說得對：千萬別跟豬打架，這樣你會弄得滿身爛泥，而豬會非常快樂。

於是，我下定決心，「隨他、由他、不理他！」看他能怎麼樣？後來他果然變不出什麼把戲，戲很快也跟著落幕。

我們或許無法避免麻煩，但卻可以「不自找麻煩」，就讓那個人到別處去製造自己的麻煩吧！

貶低別人

若不是他覺得自己矮了一截，他何必矮化我？

人們很怕被人看扁，因而只要覺得自己比較卑微的時候，往往就會刻意貶低別人。

那是一種補償的心理。把自己凌駕他人之上，可以感覺比人優越，然而為什麼要感覺優越？除非是內心深處覺得自己比較卑劣，對嗎？

所以，當有人對我批判、譏諷或矮化，試圖用言行壓低我，我會把那當做是對我的肯定和推崇。因為他覺得自己比較卑劣。若不是卑微他何必壓低我，若不是嫉妒他何必譏諷我，若不是他覺得自己矮了一截，他何必矮化我？

那是一種補償的心理。把自己凌駕他人之上，可以感覺比人優越，然而為什麼要感覺優越？除非是內心深處覺得自己比較卑劣，對嗎？

沒錯，如果你肯定自己的價值，你就不需要藉由貶低他人，來讓自己覺得高人一等；同樣的，你也不會在乎別人對你的評價。你口袋裡有一千元，有人把它說成五十元，你會因此剩下五十元嗎？

見不得人家好

他們贏了，就是你贏。

嫉妒是由比較而來，它是一種不如別人所產生出來的感覺。

某人家世比你好，某人升官比你快，某人賺的錢比你多，某人房子比你氣派，某人孩子比你的優秀，如果你去比較，很大的嫉妒就會產生。

然而，別人的幸運會變成你的噩運嗎？當然不會。別人的快樂能奪走你任何東西嗎？當然不能。那嫉妒又是怎麼回事？嫉妒說穿了就是見不得人家好，於是當別人很好，自己就會感到不好，這種病態情緒就是嫉妒。

那有辦法「治療」嗎?不難,只要你能把別人的快樂變成自己的快樂。與其嫉妒別人,不如將自己當成是他們,一同分享他們的喜悅。如此,他們贏了,就是你贏,那也就沒什麼好嫉妒啦。

何必心胸那狹窄呢?有人成功地達成目標時,他們鼓舞你,你的目標是可以達成的;如果那個人還是你認識的人,那就更棒了,你能跟很優秀的人在一起,你必然也不差。

就像你在外頭看到別人家美麗的花園,你也會想把自己家裡的花園變得更美麗。如果那花園是鄰居或朋友的,那就更棒了,你還可以免費去欣賞或享受,對嗎?衷心的讚美並欣賞他人美好的特質,這些特質自然會進入你的生命。

責任與責怪

當一個人不想負責的時候，就會責怪別人。

當一件事情發生的時候，你去注意一下，大多數人都會去責怪別人，出了差錯，人們會說那是因為某人，所以才會出錯；事情做得不滿意，他們說那都要怪某人，「要不是他，事情也不會這樣！」

為什麼要責怪別人？因為不去責怪的話，自己就必須負起責任。所以，當一個人不想負責的時候，就會責怪別人。

然而，這麼一來整個方向就錯了，責怪等於是在別人身上找原因。當你責怪某人某事，就表示你是受別人影響，你是無法控制的，你是無能為力的。當你把「指頭」開始指向別人時，你也把自己的力量交給了別人。

因此，如果你想從別人那裡要回自己的力量，首先要做的，就是一肩挑起全部的責任。如果你心情惡劣，那是因為你自己的緣故；如果事情出錯，那也是你的責任。

一旦你有了這個認知，一旦你了解到：「我必須為一切負責。」突然間，你的焦點就會從外轉向內，你學會了向內求，你整個人生將變得不同，你將不會再把責任推到別人身上，那你就活出了自己。

「負責任」常被誤解為是讓自己承擔什麼錯誤的後果。其實，負責任跟「對錯」無關，負責任是表示你是有擔當的，是表示你對事情的影響力。當一個人負的責任越大，影響力就越大；越有擔當，就越能擔負重任。

所以，就算是別人有錯，我們仍可以負起責任。

控訴與控制

只有無法「控制」的人才會去「控訴」別人。

我們經常會聽到有人控訴說：「都是你把我弄得心情那麼惡劣。」「都是他把我氣得半死。」或「若不是……，我的生活一定會比現在好多了。」

但問題是，只要我們控訴別人，也就把主控權交給了別人。道理很簡單，如果你的痛苦是源於別人，那麼喜樂也必然源自於別人，那你的情緒一定經常「失控」，因為那個「原因」不是你能完全掌控的，你無法控制別人，不是嗎？

要脫離被別人掌控的命運，首先就必須先要回主控權。千萬別再說：「你害我不快樂」、「你把我氣得半死」……這類的話，你應該說：「是我選擇不快樂」、「是我選擇讓自己氣得半死」。一切都是你的選擇。沒錯，當我們能夠為自己負責，別人也就喪失了控制我們能力。

此外，當別人不快樂，當他們控訴你的時候，你也無須在意，因為那也是他們自己的選擇。你可以讓那些想快樂的人快樂，但你無法讓那些不想快樂的人快樂，就這麼簡單。只有無法「控制」的人才會去「控訴」別人。

終身殘廢

給予的目的是要讓他變得不需要你的給予。

幫助別人，是做好事。但是幫助必須視情況而定，如果你的幫助可能拖垮自己或讓別人更糟那就不是好事，而是愛管閒事。

每個人都要為自己生命負責，你可以支持，但你的支持是為了幫他自己站起來；你可以給予，但你給予的目的是要讓他變得不需要你的給予。你要提供的不是拐杖，而是幫助他成為一個健康強壯可以憑自己雙腳走路的人。

反過來，別人對我們的幫助也是一樣，任何來自別人的力量，都會讓你自己的力量減弱。當你腿部受傷時，拐杖可以幫你爬起來，幫你走路，但枴杖畢竟只是拐杖，如果你一直依賴就會終身殘廢。

每個人都要爲自己生命負責，你可以支持，但你的支持是爲了幫他自己站起來；你可以給予，但你給予的目的是要讓他變得不需要你的給予。

輕聲細語

如果你聽得到低語聲，就不需要去聽尖叫聲。

你知道人生氣時為什麼說話會用喊的？

因為當你對人生氣的時候，你與他的心距離是最遠的，以為只有放大聲量，對方才「聽得到」。

比方，妳拜託先生以後答應別人要家庭聚會，一定要先問過妳，但這回他又自作主張；你告訴過太太，下回別在人家面前說你的糗事，但她又說了；你已經罵過孩子不知多少次，不要整天看電視，但他們卻依然故我……這時，你當然很不高興，你很可能就會大罵，對嗎？

「但這樣真的有用嗎？」當然沒用，因為當人聽到大聲的叫罵，本能上要不是去對抗，就是去防衛，又怎麼可能「聽進去」？你說話聲音那麼大，別人反而聽不清楚你在說什麼。

你去注意一下那些經常大吵大鬧的家庭和伴侶，他們說話不夠大聲嗎？不，他們音量已經夠大，那內容也已經說過不下千百次，但問題依舊。問題出在哪裡？問題就出在他們只知用力，卻忘了用心。

是的，如果你懂得用心，真正用心去溝通，你只要小聲說就好。就像某位導師說的：「如果你聽得到低語聲，就不需要去聽尖叫聲。」你會發現你們心的距離變近了。

如果你能像戀人一樣，輕聲細語，那你甚至什麼不必多說，人家就能「聽得到」，因為心與心之間早已沒有距離了。

應該？不應該？

該爭則爭，不該爭則不爭。

發脾氣是不應該，壓抑情緒又不好，那有氣到底該不該發？

我的看法是：「該發則發，不該發則不發」。

如果你的憤怒是為了他人的利益，有助於解決問題，這就是好的、具建設性的，這就該發。反之，如果你的憤怒是為了自己的利益，而且會製造更多問題，這種脾氣就不該發。換句話說，氣不是不能發，而是要分辯該不該發。

若跟人意見不合、見解不同，該不該去爭論？

我的看法一樣，「該爭則爭，不該爭則不爭」。

那要怎麼分辨什麼該爭，什麼不該爭？很簡單，如果你的爭論是為了真相，有助於彼此了解，這就是好的爭論。反之，如果你的爭論是強辭奪理，而且會製造彼此誤會，這種爭論就不應該。

有些事情常讓人猶豫不決，不知該不該做，要如何分辨？

這也不難，你只要以「快樂」為準則。如果你覺得做了那件事之後，或做了決定之後，會讓自己更平安喜樂，那就應該去做；反之，如果你做了那件事，或做了那個決定之後，會讓自己更不安、更不快樂，那就不應該做。

不管你想做的是什麼事，是去發脾氣、去與人爭論、答應人事情或是作任何決定，你只要先問自己：「做了之後我會比較快樂嗎？」如果你的答案是否定的，那你一開始就不該去做。

教與學

你教的，就是你必須學的。

好為人師，人之患。喜歡教導別人，似乎是一般人的通病。

在生活周遭常看到一些人，自己都做不到的事，也想教導別人；根本不知道的事，也能說得頭頭是道；也常看到許多學生，明明還一知半解，就急著發表見解；學一些皮毛，就破不及待指導別人。

一位弟子想將他所領悟的道理教給別人，他問師父的看法。

師父說：「過些時候吧！」

每隔一段時間，這位弟子都提出相同的要求，而師父每次都是同樣的回答：「過些時候吧！」

幾年之後的某一天，弟子實在按捺不住，他對師父說：「每次您都說過些時候，那麼我到底要到何時才能開始教呢？」

「當你不再急著想教別人的時候。」

說得好，不要一心想度別人，卻忘了要度好自己。

當你開口時，你說的是你已經知道的事；當你聽別人說話，你才知道別人知道的事。如果你只說不聽，只教不學，那你又如何知道更多的事？

下回你又忍不住想教導別人時，記住這句話：你教的，就是你必須學的。

再了解深入一點

先別急著下斷言，請再了解深入一點。

記得幾年前，我在大學上進修推廣的課時，有一位學生經常打瞌睡，即使在分組討論時，也是哈欠頻頻。我猜想，她並不是真的想要上這個課程，於是建議她下一期就別來了。

沒想到，她告訴我說，為了參加這課程，她必須在前一天加班工作到很晚，而隔天一下班又直接趕來上課。原來……她不是不願來上課，而是非常想來，甚至犧牲掉睡眠來上課。我對她的判斷大錯特錯。

自此，我總提醒自己：絕不要從表象來判斷事情，特別是對別人有任何不諒解時，務必要再三確認，再了解深入一點。因為我們並不知道每個人「背後的故事」。

當我們對馬路上橫衝直撞的車大罵，我們並不知道他親人剛發生一場意外，他正急著趕往；當我們指責一個遲到的同事，我們並不知道她要送孩子上學，半夜還得看護住院的母親；當我們正對朋友爽約而不高興，我們並不知道他的經濟和感情發生了問題；當我們對一個不友善的店員發怒時，我們又豈能料到在幾天前他被診斷出得了重病。

你有對某個人無法諒解嗎？那很可能是你對他的了解還不夠，先別急著下斷言，請再了解深入一點。

偏見的可怕

成見會讓我們將喜歡的人「理想化」，把不喜歡的人「妖魔化」。

偏見是很可怕的。

一個交往多年的朋友，可能只是說了一些傷害的話，就此恩斷義絕；一對姐妹可能從小到大彼此都相處愉悅，卻為了一個小小的誤解，幾十年的情誼就此消失……

為什麼？如果我說是因為「偏見」，你相不相信？

最近有個同事就遇到這樣的狀況，她姐姐是保險業務員，約她周末見面，想介紹商品給她。然而因為是臨時邀約，也沒有確認見面的「明確時間」，所以一早她就依照原定行程跟先生、孩子去爬山。

誰知，當早上電話響起時，姐姐已到了她家。拜託，要過來怎麼不先說一聲？但人既然來了，一家人便提早下山。

回到住所後，她原想回電致歉，但電話那頭不知怎麼的，手機關上，電話留言也不回。後來才從別人的口中得知：「人家是不高興了。」從此她們就斷了音訊。

「為什麼這樣？」同事不解地問，「就只是一個『誤會』，有這麼嚴重嗎？」

「沒錯，那並沒有什麼大不了。」我說：「嚴重的是，她對妳有很深的偏見這才是問題所在。」

偏見會讓我們從一個很小的點，推論所有的事；明明對方只是做錯一件事，但有偏見的人，卻會把這個人完全否定，也不管過去他的表現如何。

「否則為什麼會有那麼深的誤解，而且又不給你解釋的機會？」我說。

你去看兩人相愛時，有上千個理由可以說為什麼喜歡對方，但是當沒有了愛，只要有一個理由就足以推翻所有的愛。親朋好友的關係何嘗不是這樣，關係好的時候，你總能給對方解釋；而關係變了，當人家對你有很深的偏見，就算你怎麼去解釋也沒用。

成見會讓我們將喜歡的人「理想化」，把不喜歡的人「妖魔化」，還會並將自己的認知都「合理化」，這就是偏見的可怕。

合理化

越不合理的事才越需要合理化。

有人說，人是理性的動物，這是不對的。在我們的人生當中所做的事多半都是感情在主導。你的憤怒、你的怨、你的恨和你的愛，所有這些都不是理性的，那就是為什麼事後人們往往悔不當初。

你一定也有類似的經驗，你明明想做某件事或做了某個決定，但是到時候你卻做另外一件事或另一個決定；或者你原本不想做某件事，後來卻做了；之所以會這樣是因為情感在主導。你或許不想再理那個人，但你受不了，你還是打電話給他；你或許決定不再生氣，但是你控制不住，你又生氣了，你認為這都是理性嗎？不，這都是「感情用事」但你的頭腦會找理由解釋，理性會為情感辯護，這就是所謂的「合理化」。

你去聽聽那些怨懟憤怒的人，總是「理由充足」，原因就在這裡。但理由充足，憤怒就變得合理了嗎？當然不是，所以，越不合理的事才越需要合理化。

當你被懷疑時

別人懷疑你，是因爲他懷疑自己。

那次我真的臨時有事，所以沒辦法配合……

那天我真的不在家，不是避而不見……

那時，我剛好忘了帶手機，沒接到電話……我沒騙你。

你是否也有類似的經驗？即使你已經詳實解釋，但對方就是不相信；

或是表面說相信，但是你可以感覺到他在懷疑。

為什麼他會懷疑？如果我告訴你，那是因為他懷疑自己，你相不相信？

沒錯，當你很誠懇表達事實，而對方仍懷疑你，那他並不是懷疑你，而是懷疑他自己。

有人想約你見面，他懷疑你並沒有意願；有人想找你幫忙事情，他認為你不會答應；有人想介紹你商品，他擔心你不會接受……這時，如果你說：「我正好有事……」不管你說的是真的或是假的，他都會心生懷疑。

因為他懷疑自己不被接受，懷疑自己是不被歡迎的，懷疑大家都想避開他……

道理很簡單。如果你想跟某人借錢，而他正巧都不在，你就會懷疑，

「他是不是在躲我？」反之，如果那個人是你的債主，你要還他錢，這時就算他幾天都不在，你也不會懷疑他是故意躲你，對嗎？

所以，我說別人懷疑你，是因為他懷疑自己。不是嗎？

你對別人的懷疑也是一樣，所有懷疑的起因就是懷疑自己。如果你懷疑自己，你也很難信任別人。

有！你就是這樣

所有不愉快情境都是自己「想出來」的，只是自己「不自覺」。

你常常在腦子裡編織讓自己不愉快的情境，只是自己「不自覺」，因而認為那都是「別人給你的感覺」。

例如，你跟擦身而過的鄰居或同學打招呼，他卻沒有回應，你就懷疑他是故意視若無睹？你就會懷疑是不是得罪他了？

別人因為臨時有事而取消與你的約會，你就懷疑他是不是刻意避不見面？你就會懷疑他是不是對你有什麼不滿？

遇到一些倒楣事，當你看到有人眉開眼笑，就懷疑人家是幸災樂禍；看見別人都袖手旁觀，就懷疑他們是想看你出糗；而當那些人想幫你忙，你又懷疑了，懷疑他們根本是虛情假意……念頭不斷地衍生，最後在心中便充滿憤恨不平。

接下來你會開始尋找種種蛛絲馬跡來證明。即使對方已表明沒有那個意思，但你會認為：「有！你就是這樣！」甚至不接受別人的澄清與解釋。你相信自己所執的「感覺」，竟可以勝過事實……

但你的感覺真的都不會錯嗎？其實，人的感覺都是來自自己的思想。也就是說，所有不愉快情境都是自己「想出來」的，只是自己「不自覺」罷了，那就是為什麼你總是懷疑東、懷疑西，卻從來沒有懷疑過自己。

事實並非事實

你認爲的事實並非事實，而是解釋。

在這世界上，不管你看見什麼，都不是事實，而是你的解釋。

你在談論一個人，你覺得他人品不錯，很謙和有禮，這是你的解釋：另一個人可能不同意你的看法。他可能認為他很虛偽，很會做表面功夫……

但你們不是在談論同一個人嗎？如果是在談論同一個人，看法怎麼可能有這麼大的差別呢？

因為解釋不同。有人說他的老師很好，很關心他，都會幫他指正錯誤；有人則認為這老師很討厭，老愛吹毛求疵，挑人毛病；有人說他的太太很能幹，把家務和孩子都管得很好，而且還很會理財；有人則批評太太很強勢，什麼都要管，連錢都抓得死死的。這都是個人的解釋，解釋不同，結果就不同。

你看到某人臉色不太好，如果你認為他是不喜歡你，你會覺得難過；但如果你認為他心情不好，你就會體諒他；如果你認為他可能是身體不舒服，你反而會同情他、關心他。

有人跟你約會遲到，如果你認為他是故意的，你就會生氣；但如果你認為他可能有事耽擱，你會體諒他；如果你在想他會不會發生什麼事，你反而會為他擔心。

事情永遠是中立的，你對某人的感覺和情緒反應，不管是好的還是壞的，是高興或不高興，都是你自己心中的想法，是你對自己的解釋所做的反應。你把自己的成見賦與事實，於是在你的成見和事實之間產生了見解，然後你再用這見解對事情解釋，這就成了你所認知的事實。

換句話說，你認為的事實並非事實，而是解釋。

所以，當有人讓你不高興，你認為別人應該給你解釋，那是不對的，你應該反過來問自己，這樣才對。因為那不高興是你的解釋。

情緒背後的信念

讓你生氣的不是他們的行為，而是你的信念。

許多的情緒感受升起時，的確令人覺得非常真實，然而當我們仔細審察，會發現這些情緒反應與事實的真相並不符合。

比方，你先生忘了你交代的事，或把東西亂放，你就不高興，甚至破口大罵；或是你太太做事不用大腦，粗心大意，然後你就發怒，甚至整天繃著一張臉，但這並沒有那麼嚴重啊，為什麼你會反應如此劇烈？這情緒是怎麼生起的？

所謂情緒，是一種糾結著思考和感覺的東西，而這東西又跟你所持的信念息息相關。例如，你對「尊重」的信念是重視對方，那當有人忘了你交代的事，你就會認為他不尊重你，你就會生氣；如果你對「尊重」的信念是體諒、是要為對方著想，那當有人沒為你著想，比方把東西亂放（沒體諒你整理的辛勞），你就會不高興；如果你對「尊重」的信念是不批評，那當有人批評你，像批評說你粗心大意，做事不用大腦，你就會不高興，因為你認為那是不尊重你。

換句話說，讓你生氣的不是他們的行為，而是你的信念。如果你對「愛」所持的信念是「尊重」，那麼如果你先生或太太不尊重你時，你自然會認為他不愛你。如果你對「愛」所持的信念是：「記得你的生日，幫你料理家務，把錢交給你管。」那麼當對方沒做到，你就會繃著一張臉。

依此類推，如果你對「朋友」的信念是真誠，如果他在背後說你壞話，那你一定不會原諒他。你會認為他「應該」有話直說，他「不應該」不重道義……如果你的信念裡有太多的「應該」和「不應該」，那就表示有很多的事情會激怒你。

所以當你發脾氣的時候，你去注意一下，你將會在那情緒背後看見信念。如果你能在這些情緒升起時，把它分解開來，知道哪一部分是信念，哪一部分是情緒的話，你就會比較容易釋懷，被情緒牽動的折磨也會大大減少。

有些衝突的情緒會在心中打死結，這類情緒非常固執，很難解開，除非你先解開情緒背後的信念。如果你能改變你的信念，不再執著於那些「應該如何」、「不應該如何」的事，你的情緒很快就會有大大的改善。

觀點，「關點」

因爲我們有一個主觀的標準在心中，才會有對錯這回事。

人們有很多問題，都來自於執著一個單一、不變的觀點，並用這個觀點來衡量是非對錯，這也是造成人類衝突對立的最大根源。

比方說，你認為只有你的信仰才是唯一的真理，你認為只有所支持的政黨或候選人才最好的，那麼當別人懷疑你，否定你的時候，你會怎麼樣？你就會去爭論，然後很可能就產生衝突，對嗎？

你認為小孩絕不能太寵，從小就要讓他吃苦，而你的另一半如果跟你有不同的觀點，你們倆之間就會出現問題。你會認為對方不對，對方也認為你不對，對談後來就變成對罵。

當你和別人在討論事情的時候，你有沒有發現這種情況：你一直以很微妙的方式去證明你是對的，而對方也試著去證明他是對的。結果討論就變成爭論。

因為我們有一個主觀的標準在心中，才會有對錯這回事；我們太堅持那個觀點，就會變得沒有彈性，自我設限，甚至不可理喻。觀點成了「關點」——讓自己被關在同一個點上。

羅馬思想家保羅的名言：「真理是叫人自由！」然而人們卻往往讓自己被觀念所捆綁，以致看不到更大畫面。

如果你認為自己是「真理」的一方，請試著不用「是非對錯」來看事情，而是帶著包容的雅量來看，你會發現那種感覺有多自由！因為你不再被關在同一個點上，你就重獲自由了。

事實與批判

你要說的是那件事，而不是那個人。

一般人多半都是有事實才會去批判別人，但批判的人卻未必根據事實，而且多半還「言過其實」。

舉例來說：

先生經常帶朋友到家裡用餐，妳可以說：「每次帶那麼多人回來我都忙翻天，而且還要陪你們，我覺得好累！」這是事實；但妳若是說：「你想把我累死是不是，每次都帶那麼多人？你就是這樣，完全不顧慮別人！」這就不是實情，而是批判了。他是因「太照顧別人」而忽略了妳，不是「不顧別人」。

太太忘了關火，把東西都燒焦了，你可以說：「用瓦斯要小心點，別把房子給燒了。」你若是說：「妳想把房子燒掉是嗎？妳做事真是成事不足，敗事有餘！」這說法就言過其實。她只是「不小心」，可是當你說她「成事不足，敗事有餘」，就是批判。

先生到處亂丟東西，我們不該說：「我受不了我先生」，而是說：「當我先生到處亂丟東西的時後，我真受不了他。」

太太責罵小孩，我們不該說：「我受不了我太太」，而是說：「當我太太責罵小孩的時候，我真受不了她。」

沒錯，要對事，不對人。你要說的是那件事，而不是那個人。要指出事實，而不是光會罵人；否則沒有人會聽你的話，因為那並不是事實。

這「不乾淨」的是誰？

人不可能一直維持同一個樣子，他會持續不斷改變。

每當我們說出一個人的名字時，你注意一下，你對那個人多半「早有定見」。你會在他名字上添加些東西或貼上標籤。我覺得這個人怎樣？他是怎麼樣的人？

但他真是你認為的這樣嗎？不，一個人不可能一直維持同一個樣子，他會持續不斷改變，即使是一天之內，他也很少是一樣的。我們認為一個溫和開朗的人就會一直是如此，完全不是這樣，現在他很溫和，在下一刻他可能生氣，再下一刻他可能變得沮喪，後來又變得開朗……每個人都是多元的，在不同的時空中，有著各種不同的面貌。

昨天你也許心情很好，你笑逐顏開；但是今天你心情很糟，你悶悶不樂；昨天事情進展的很順，今天每件事都變得一團糟：你變得很沮喪、很生氣。但別人並知道。如果昨天遇到你的人談起你，「我覺得他這個人很開朗」，今天遇到你的人就會有不同意見，「哪是這樣，我覺得他脾氣不好。」大家已有定見，但那是真實的你嗎？

你幾年前、二十年前做過某件特別的事，人就一直記到現在。偶爾還拿出來談論，這件事變成了你的一部分。但你還是一直那樣嗎？

不，人是不能被一概而論的。我建議大家一旦某人的名字從口中溜出的時候，就要注意自己添加了什麼。例如有個人曾對你粗暴無禮，如果現在提到他的時候，你還認定他是粗暴無禮的人，那就表示你給他貼上標籤，你對他已有定見。

今天我穿一套髒衣服，你看到了，隔天我換一套乾淨的，你還說我衣服髒，還認為我不愛乾淨，即使十幾、二十年後你還繼續那麼認為，請問這「不乾淨」的人是誰？是你自己，對嗎？

上回他很無禮，而這次他很溫和，你卻對他無禮，請問，現在誰才是無禮的？

以前他很粗暴，現在的他或許已經不同，過去他曾給你傷害，但現在他或許是帶著善意，為什麼我們不接受現在善意的「這個人」，而一直執著於過去的「那個人」呢？

今天我穿一套髒衣服，你看到了，隔天我換一套乾淨的，你還說我衣服髒，還認爲我不愛乾淨，即使十幾、二十年後你還繼續那麼認爲，請問這「不乾淨」的人是誰？是你自己，對嗎？

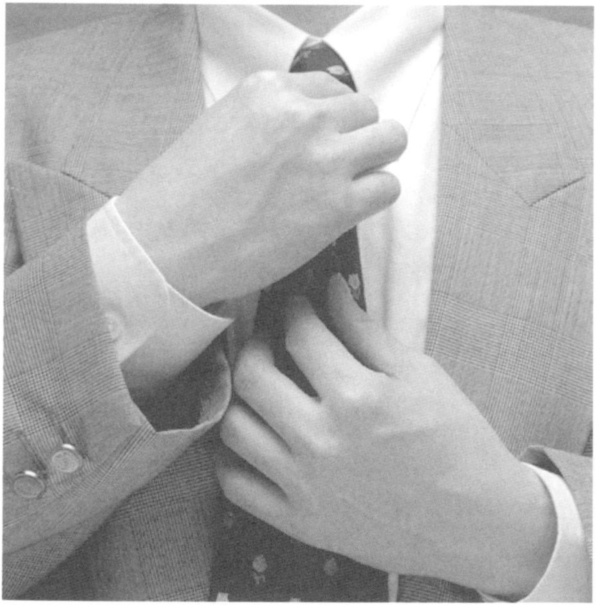

孤獨與單獨

你並沒有失去誰，你反而找回了自己。

當你自己一個人的時候，你過得好嗎？

你會不會很想有人陪你，還是覺得自己一個人也不錯？

當人群散去，當那個人離開了你，你會覺得自己是單獨的，還是覺得很孤獨？

孤獨是需要某個人，需要被別人填滿，當別人離去時，你也失去了自己；而單獨則完全不同，單獨是滿足於自己，即使別人不在也可以享受自己。

人們常問：自己是否適合單身？其實只要看你獨自一個人就可以了解。可以一個人過好，就可以單獨過得好；如果你單獨一個人會感到空虛寂寞，會覺得自己孤獨，那就很難了，除非你先學會單獨。

單獨是生命本然的現象，你獨自來、獨自離開，單獨地出生，單獨地死亡，你本來就是單獨的。你或許可以結交朋友、找情人或混在人群當中，但是你仍是單獨的，你的小孩、先生、太太、同學、同事、朋友……所有人不過是掩飾你的單獨，關係只是表面，在內心深處你仍是單獨。

在你來之前，你原本是單獨一個人，在你離去之後，你也是單獨的。

在你認識某人之前，你原本是單獨一個人，在他離去之後，你也只是回到原先那種單獨的狀態。你越深入去看，你就越清楚，真的，你是單獨一個人。

學習單獨就是認識真相，如果你真的了解真相，那麼當有人離開你，你不會覺得孤獨，因為你並沒有失去誰，你反而找回了自己。

獨處幾天

人們害怕「關係」瓦解，說穿了，就是害怕面對自己。

久久必須一次，讓自己獨處幾天，讓自己跟自己相處……

每天你都跟別人一起，這樣就不必面對自己，你可以把你的煩惱、焦慮，你的沮喪都移轉到別人那裡，而別人也一樣，他們會把問題轉移到你這裡，這就是人們所謂的「關係」。

在關係中你可以把責任推給對方，如果你愛生氣，你可以說是別人惹你生氣；如果你很無趣，你可以說是別人讓你無趣，但是如果你自己一個人，你能怎麼辦？你無法把問題推給別人。

人們害怕「關係」瓦解，說穿了，就是害怕面對自己。因為在獨處中，你必須面對自己的問題，你必須面對自己的內心深處，你的空虛、無趣、怨懟、憂鬱、沮喪……。一旦進入關係，不論是夫妻關係、友誼關係或人際關係，問題就轉移了，那也就是為什麼「關係」裡問題總是層出不窮。

從你跟別人的關係，可以看出你與自己的關係。你的關係若常出現問題，那你必定也是有問題。在任何關係中，一定都有「你」的存在；要改善關係，首先要改善的就是你跟自己的關係。

別忘了，每隔一段時間，讓自己獨處幾天，學習與自己相處，只要你與自己在一起能平靜喜樂，那你的關係也能平靜喜樂。

心煩意亂

如果你活在當下，你怎麼可能心煩意亂呢？

我們的思維與情緒經常擺蕩在過去和未來之間，煩惱過去已發生的，也擔心未來可能發生的；憂慮著「以後」，又眷戀著「以前」，卻很少活在「現在」，那就是為什麼心總是不平靜。

你注意一下你的現在，你現在有在想事情嗎？如果有的話，那一定是想一些已經過去，或者還未發生的事，對嗎？只要你去想，你就不可能活在當下，請問你要如何思考當下這一刻？

你可以去想過去，在記憶中挖掘痛苦，因為過去是記憶的一部分；你也可以想未來，頭腦非常擅長幻想，但頭腦無法想現在，要怎麼想？如果你全然地在活在現在，你就不可能胡思亂想。

你可以為過去懊悔，或是為未來煩心，但在當下這個片刻，你要懊悔煩惱那是不可能的。你可以為過去那些原不該做而做了、不該說而說的事而後悔，也可以為未來那些可能發生，也可能不會發生的事憂愁，但如果你活在當下，你怎麼可能心煩意亂呢？

當你全神貫注的活在當下，而不牽腸掛肚的想著過去和未來的時候，你的內心自然會平靜下來。

值不值得付出？

如果你會懷疑自己值不值得付出，那你根本就不該去做。

你是不是有時也會這樣，就是幫了人或給人好處，卻懷疑自己值不值得如此付出？

之所以會這樣，那是你把注意從別人身上轉移到自己身上，你原本關心別人的需求，而現在變成關心自己的需求，對嗎？你沒有從別人那得到「等量」的回報，這時你就會開始質疑。

有個年輕人遇到困難，想起自己平常幫助過幾個朋友，他於是去找他們求助。然而這幾個朋友竟然全都分分走避。

「真是一幫忘恩負義的傢伙！」他忿忿不平地叫罵著。百般無奈下，他去找一位師父訴苦。

師父說：「助人是好事，然而你卻把好事變成壞事。」

「為什麼這麼說呢？」他大惑不解。

師父說：「當你幫人時，可曾想過要他們回報？如果想過，那你是識人不清，只能怪你自己。而如果你對他們無所求，你是以平常心幫助人，那你又何以忿忿不平呢？」

當你給人東西，這東西是表達你對他的感覺，而不是你想要他覺得你如何。當你為某人做某件事時，你應該是發自自己的意願，而非為了得到對方什麼好處。如果你會懷疑自己值不值得付出，那你根本就不該去做。

一廂情「怨」

你必須想：「這個人需要得到什麼？」而不是「我要給他什麼？」

有些人喜歡幫助別人，給予別人，但因慣性地把「自認為對方需要的」當作是「對方真正需要的」，因而常落得「吃力不討好」。

父母幫孩子鋪前路，不停為他找工作，但孩子卻認為這是他自己的事，不想人插手；好心幫未婚的同事安排相親，沒想到她心不甘情不願赴約，最後還抱怨連連……。像這類「好心沒好報」的事，往往都是自己太一廂情願了，才會惹來一堆抱怨。

真正的給予是以對方為考慮，而不是以「我」為出發點。所以，當你想給別人什麼的時候，你必須想：「這個人需要得到什麼？」而不是「我要給他什麼？」

當你想幫助別人也一樣，你要提醒自己，「我來這裡就是要真的能幫上忙。」關鍵是「幫上忙」。我們必須了解：「這個人需要什麼幫忙？」而不是「我想幫他什麼？」真正的幫助，絕不是將你的意志強加在別人身上。

如果你付出的並不是別人要的，反而比不給（或不幫）還糟；因為那並不是一份禮物，而是一種負擔，怪不得人家會抱怨連連。

拒絕不是斷絕

坦誠相見，不但不會失去朋友，反而會發現誰才是真正的朋友。

一個人一生中能認識的人太多，而時間又太少；想做的事很多，但真正能做的卻很少；所以對有些人和事就必須有所割捨。

我自己曾有一段時間。當時有幾個朋友、同事都很投入高爾夫球，我也去嘗試了幾次，但卻激不起熱情，不久我發現自己很怕他們邀我去打球。

「如果你沒興趣，為什麼不直截了當拒絕。」太太問。

「因為大家都是好朋友……獨缺我一人，不太好吧？」我說。

「但是，像這樣勉強答應，打得又不開心，不是更不好嗎？」太太說，「這不是把原本愉悅的事變成了負擔？」

她說的對，打球原本是愉悅的事，現在反而成了負擔，何必呢？

人很怕因拒絕而傷了彼此的感情，但真正的情誼會因你的拒絕就破壞嗎？真正的朋友會因為你說「不」，就不是朋友嗎？

當然不會，拒絕又不是斷絕，真正的朋友不會因為你的拒絕而覺得你「不夠意思」，反倒是勉強自己，卻意興闌珊，那才真的「不夠意思」。

一個真正的朋友會尊重你、支持你。不管你拒絕什麼，如果有人因為你很真實的說出你的難處還為難你，這種人就太自私了，那你真的想委屈自己配合這種人嗎？擁有不多但接受你的朋友，比結交一大堆你必須滿足他們期待的「朋友」，要好得多。

反過來，當有人拒絕你，不幫你、不挺你、沒照你的意思去做的時候，也不要認為他們是「背叛」了你。你想想看，如果他完全都照你的意思，他不就背叛自己了嗎？

所以，做你自己吧，也讓別人做他自己。當大家都坦誠相見，不但不會失去朋友，反而會發現誰才是真正的朋友。

表現與表達

唯一比讓人們喜歡你還重要的事，就是喜歡你自己。

我們都想讓別人喜歡，想給別人留下一個好印象，但往往當我們越刻意表現，就越難在別人心中留下好印象。

如果你去演講，當你急著要「表現」時，就會忘了你的演講是來幫助大家，你是要讓聽眾對講題感興趣，而不是對你感興趣。

如果你去演唱，當你急著想「表現」時，就會忘了唱歌的目的是來感動大家，你是要表達歌曲的情感給聽眾，而不是來表現自己。

在朋友、在客戶、在你的上司面前，當你急著想「表現」自己的學問與風采，就會忘了給別人留點表現的機會。這樣人家怎麼可能喜歡你？

人們常問說：「要怎麼讓人喜歡？要怎麼表現才能給人留下好印象？」這問題點出了一般人的誤解——「要怎麼表現」。

其實，我們應該把注意的焦點放在表達，而不是表現。如果我們只知表現，卻忘了表達，或讓別人有表達的機會，這樣人家怎麼可能對我們留下好印象？

在我服務過的醫院有個叫阿珠的護士，我對她印象深刻。她年過半百，五官平平，身材微胖，穿著和說起話跟菜市場裡面的婆婆媽媽也沒有兩樣，但她卻是醫院裡面大家公認人緣最好的人，大家都喜歡她。

當幾個同事試圖分析阿珠時，大家一致認為她的「魅力」是因為她十分自然——不偽裝也不掩飾，你看到的是一位真實的阿珠。她有什麼就說什麼，從不刻意給別人留下什麼印象，也從不刻意表現什麼。她就是她自己，所以大家喜歡她。

沒錯，唯一比讓人們喜歡你還重要的事，就是喜歡你自己。

美，獨一無二

你期待別人來愛你，而你本身卻無法愛你自己，這豈不可悲？

很多人在內心深處並不喜歡自己。有人覺得自己笨，有人覺得自己太迷糊，有人覺得自己皮膚不好，有人覺得自己太高或太矮，太胖或太瘦，覺得自己的腿太粗，小腹太凸，鼻子太塌……在這些不滿當中，又以不滿自己的身材和長相者居多。

只要你不接受自己，那你注定是挫折的，因為你不可能變成別人，你只能做自己，對嗎？如果你對自己不滿意，那你將經常不滿，因為你無法逃離你自己。

為什麼你不能接受你本然的樣子呢？到底有什麼不對？你的長相、你的脆弱、你的缺點和你的不完美，那都是你啊！為什麼不坦然地接受？

人真正的悲哀，不是別人的攻訐，而是自我折磨，不接受自己本來的模樣。你期待別人來愛你，而你本身卻無法愛你自己，這豈不可悲？

從今天開始，看著鏡子裡的自己，然後對自己說：「這就是我，不管我的缺點有多少，我都完全接納自己」當你能以目前的樣子來愛自己、接納自己，自然就會流露最完美的特質。

美就是成為真正的自己，泰然自若地活出自己，那就是美。你不需要刻意隱藏什麼，也不需刻意去包裝，請停止這麼做，讓你以本來的樣子存在，如此你將會有自己的特色，你將是獨一無二的，那就是一種無可取代的美。

保持本色

只要你能保持本色，你就可以無所畏懼，就永遠不怕被人否定。

我有一位學生，她很害羞，不敢在別人面前表達自己，又怕被別人否定，以致做起事來總是畏首畏尾。

但在這學期，我發現她變得很不同。她開始說出自己的想法，而且言行舉止也變得很有自信。

「是什麼原因讓你改變了？」我好奇地問。

「只是隨口的一句話。」她說，有一天，她在電視上看到一位好萊塢巨星接受採訪，主持人問，「在那麼多人的面前妳為什麼可以如此泰然自若，有什麼秘訣嗎？」巨星說：「可能是因為我父親吧！他從小就教育我，不管遇到任何人，妳永遠要保持本色。」

「『保持本色！』就是這句話，給我很大的震撼，我發現自己就是因為太在乎別人的看法，所以變得『毫無特色』。」她回憶道：「從那時起，我決定讓自己完全改變。我開始研究自己的個性，自己的優點，找出適合自己風格的衣服，而且主動地表達自己的想法……總之，我想讓自己做每件事都保持本色。」

「很好！妳終於開竅了。」我為她感到欣喜。

最近有位讀者來信，他問說：「為什麼我很害怕被人否定？有什麼辦法去除這種恐懼嗎？」

「有，只要保持本色。這問題不在於去除恐懼，而在於去除假相。」

我說，「只要你能保持本色，你就可以無所畏懼，就永遠不怕被人否定。」

受人肯定

別人會踩在你頭上，是你自己願意趴在地上。

「自我肯定」與「受人肯定」經常被混淆，使得很多人常把別人的肯定看作是對自我價值的肯定。於是，每個人都盡可能努力贏取別人更多的肯定。

但受人肯定，就能肯定自己的價值嗎?正好相反，沒有錢的人，會注意東西「標價」；沒有價值的人，會注意別人的「評價」。同樣的，只有無法肯定自己的人，才需要別人的肯定。

這就和自尊的道理一樣。一般人常抱怨，別人不尊重他們。其實，唯有自我尊重，別人才會尊重我們。

所以，下回當你回應別人的要求時，你可以這樣問自己，「這是我的想法，還是別人的想法？」「這是我想做，還是不得不做（勉強）的事？」

當你面對選擇或作決定時，你也可以問自己：「我是在為自己，為我的喜悅做這事嗎？或是我只是為了取悅他人？」

如果是後者，建議你還是放棄比較好，因為你是在贏合別人，你是想贏取別人的肯定，這樣你又怎麼可能肯定自己呢？

一個肯定自己的人，他的立足點必然比別人更穩固，而無法肯定自己的人，連立足點都沒有。別人會踩在你頭上，是你自己願意趴在地上。明白嗎？要別人肯定你，除非你先肯定自己。

先成為你想成為的人

先成爲你想成爲的人，然後你就能擁有你想擁有的東西。

我們習慣的思維模式是having-doing-being（擁有─作為─存在），這是一般人普遍的認知。要先擁有成功的條件，才付出努力，成為成功的人；要先得到愛，才願意付出愛；要先擁有想得到的東西，才快樂，才成為快樂的人。

但這樣做法是「有條件」。若沒擁有你想得到的東西，我們自然不快樂；若沒有先得到愛，我們就不可能愛人；若沒有先擁有能力，我們就不去努力。我們的作為是建築在「擁有」的條件上，這樣當然很難擁有。

其實，正確地作法應該把整個順序巔倒成：being-doing-having（存在─作為─擁有）。

要成功，你必須先讓自己在心態上成為一個成功的人，才可能像成功者一樣思考和做事，然後擁有成功。

要被愛，你必須先付出愛，然後你就會得到更多的愛；要快樂，你必須先成為快樂的人，做任何事都快樂，然後你的感情就會更順心，工作就會更順利；不管你快樂的條件是什麼，是希望得到職位、財富、成功、關愛、還是幸運……。你都應該讓自己先成為快樂的人。

先成為你想成為的人，然後你就能擁有你想擁有的東西。

抱怨與感恩

抱怨的人不可能感激，感激的人不可能抱怨。

人有共同傾向，總是注意缺了什麼或做錯什麼，我們喜歡將好事視為理所當然，然後盯著錯事看。

例如，我們會對自己四肢健全視而不見，卻對五官不正而感到不滿；我們會把伴侶為我們所做的事視為理所當然，卻對他們做不好的事指指點點；我們會把健康平安視為理所當然，同時卻因收入太少而感到沮喪。

人就是這樣變得悲慘的。對擁有的，不在乎；對沒有的，卻很在意，這當然會讓我們不滿而抱怨，因為當你忙著注意缺失時，你就不可能去感恩。

抱怨和感恩是完全不同向度，抱怨的人專注於欠缺和錯誤的，而感恩的則人專注在擁有和那些好事。更明白的說，抱怨的人不可能感激，感激的人不可能抱怨。

每一件事你都可以選擇，是欣賞那好的部分？還是壞的部分？

每一個時刻你都有選擇，是感激你所有的？還是抱怨你沒有的？

你選擇了什麼，你就選擇了哪一種人生。如果你總是喜歡抱怨，那你就注定要哀怨一生。

砂裡掏金

在砂裡掏金，讓它成爲你的生活風格。

感恩是需要我們經常練習的。你越去感激，你的抱怨、牢騷就會越少。

有繳稅的帳單，你要感謝，那表示你還有工作。

衣服越來越緊，你要感謝，那表示你吃的很好。

情人要求分手，你要感謝，那表示你又自由了。

責任越來越重，你要感謝，那表示你越來越重要。

欠銀行很多錢，你要感謝，那表示你信用還不錯。

有蛀牙要去補，你要感謝，那表示你牙齒還沒掉光。

孩子調皮搗蛋，你要感謝，那表示他們很健康，有活力。

房子有很多地方要打掃，你要感謝，那表示你房子很大。

有過量的電子郵件，你要感謝，那表示有許多朋友想到你。

有每夜和你搶棉被的伴侶，你要感謝，那表示他不是和別人在一起。

已經陷入了谷底，你要感謝，那表示你只會往上爬升。

天氣越來越冷，你要感謝，那表示春天不久就會來臨。

感恩是喜樂的種子。你可以多去發掘，把每樣事列一張清單，不論你擁有什麼，你都要很快樂；不論你經歷什麼，你都要心存感激。

在砂裡掏金，讓它成為你的生活風格，很快你就會發現，一旦抱怨消失，苦惱也消失，隨之而來的就是喜樂，這就是感恩的力量。

感恩是喜樂的種子。你可以多去發掘，把每樣事列一張清單，不論你擁有什麼，你都要很快樂；不論你經歷什麼，你都要心存感激。